多维视角下的英语翻译理论探索

张云霞 白 璐◎著

吉林出版集团股份有限公司
全国百佳图书出版单位

图书在版编目（CIP）数据

多维视角下的英语翻译理论探索 / 张云霞, 白璐著.
长春：吉林出版集团股份有限公司, 2024.8. -- ISBN 978-7-5731-5704-1

Ⅰ. H315.9

中国国家版本馆 CIP 数据核字第 2024MB2611 号

多维视角下的英语翻译理论探索
DUOWEI SHIJIAO XIA DE YINGYU FANYI LILUN TANSUO

著　　者	张云霞　白　璐
责任编辑	沈　航
封面设计	张秋艳
开　　本	710mm×1000mm　　1/16
字　　数	198 千
印　　张	12.25
版　　次	2025 年 1 月第 1 版
印　　次	2025 年 1 月第 1 次印刷
印　　刷	天津和萱印刷有限公司

出　　版	吉林出版集团股份有限公司
发　　行	吉林出版集团股份有限公司
地　　址	吉林省长春市福祉大路 5788 号
邮　　编	130000
电　　话	0431-81629968
邮　　箱	11915286@qq.com
书　　号	ISBN 978-7-5731-5704-1
定　　价	74.00 元

版权所有　翻印必究

前　言

基于多维视角研究英语翻译对当代语言研究和高校英语教学具有深远的意义。

首先，多维视角研究英语翻译对当代语言研究的意义在于它能够深入探讨语言现象的多样性和复杂性。语言是人类交流的重要工具，而英语作为一门全球通用的语言，其翻译研究具有很大的实用价值。通过多维视角的研究方法，我们可以更全面地理解和分析语言现象。这种研究方法可以包括对语义、语用、文化、社会等多个方面因素的考虑，从而更好地把握语言间的差异和联系。通过对英语翻译的多维分析，我们可以深入挖掘语言的内在规律，推动当代语言学理论的发展和完善。

其次，在高校英语教学中，多维视角研究英语翻译也具有重要的意义。英语作为一门外语，其教学经常面临着文化差异、语境转换等问题。通过多维视角研究英语翻译，教师可以帮助学生更好地理解和应用英语。从文化角度来看，翻译是跨文化交际的核心内容。通过深入分析语言背后的文化内涵，学生可以更好地理解目标语言的文化思维方式，从而提高跨文化交际能力。多维视角还涉及语境转换等问题，英语在不同的语境下可能具有不同的表达方式和含义。因此，通过对英语翻译的多维研究，学生可以更好地掌握语境转换的技巧，提高他们的英语交际能力。

多维视角的研究方法还能够帮助翻译人员更准确地传达源语言的意思，并在目标语言中恰当地表达出来。通过综合考虑语义、语境、文化等因素，翻译人员可以提高翻译的质量，确保信息的准确传递。多维视角研究英语翻译可以为英语教学提供更多的教学资源和实例。通过向学生介绍不同领域的翻译作品，学生可以更好地理解英语在不同语境下的使用方式和含义。这样可以丰富英语教学的内容，激发学生的学习兴趣和动力。多维视角下研究英语翻译有助于培养学生的跨文化交际能力。

  本书共分为五章：第一章的主题是英语翻译理论基础，包括翻译理论概述、翻译的相关因素、英汉语言对比三部分；第二章围绕文化视角下的英语翻译展开论述，分为文化与翻译的关系、基于多种文化对比的英语翻译、跨文化与英汉文化翻译三部分；第三章重点阐述心理学视角下的英语翻译，包括翻译心理学理论研究、基于认知心理学的英语翻译、英语词汇翻译中的心理模型三部分；第四章的主题是功能翻译视角下的英语翻译，包括功能翻译理论概述、文本功能与翻译方法、基于功能翻译的英语翻译教学三部分；第五章主要论述文学与美学视角下的英语翻译，包括文学视角下的英语翻译、美学视角下的英语翻译两部分。

  在撰写本书的过程中，作者得到了许多专家学者的帮助和指导，参考了大量的学术文献，在此表示真诚的感谢。由于作者水平有限，书中难免会有疏漏之处，希望广大同行指正。

张云霞 白璐
2023 年 4 月

目 录

第一章 英语翻译理论基础 ······ 1
- 第一节 翻译理论概述 ······ 2
- 第二节 翻译的相关因素 ······ 18
- 第三节 英汉语言对比 ······ 34

第二章 文化视角下的英语翻译 ······ 49
- 第一节 文化与翻译的关系 ······ 50
- 第二节 基于多种文化对比的英语翻译 ······ 66
- 第三节 跨文化与英汉文化翻译 ······ 89

第三章 心理学视角下的英语翻译 ······ 107
- 第一节 翻译心理学理论研究 ······ 108
- 第二节 基于认知心理学的英语翻译 ······ 122
- 第三节 英语词汇翻译中的心理模型 ······ 128

第四章 功能翻译视角下的英语翻译 ······ 135
- 第一节 功能翻译理论概述 ······ 136
- 第二节 文本功能与翻译方法 ······ 142
- 第三节 基于功能翻译的英语翻译教学 ······ 148

第五章 文学与美学视角下的英语翻译……………………………………155
　第一节 文学视角下的英语翻译…………………………………………156
　第二节 美学视角下的英语翻译…………………………………………159

参考文献………………………………………………………………………185

第一章　英语翻译理论基础

要从不同角度分析翻译理论，就要理解翻译的基本概念。本章主要内容是英语翻译理论基础，具体包括翻译理论概述、翻译的相关因素、英汉语言对比三部分。

第一节 翻译理论概述

一、翻译的概念与分类

（一）翻译的概念

翻译有广义与狭义之分。广义的翻译包括语言与语言、方言与民族共同语、方言与方言、古语和现代语、语言与非语言（如符号、数码、体态语等）之间的信息转换。这个概念的外延是相当宽泛的，包括不同语言间的翻译、语言变体间的翻译和语言与其他交际符号的转换等。广义的翻译主要强调"基本信息"的转换，不强调"完全的忠实"。广义的翻译也称作"符际翻译"（intersemiotic translation）。狭义的翻译一般是指"语际翻译"（interlingual translation），通常被视为一种特定的语言表达方式，它可以帮助我们更好地理解和表达两种或多种语言，例如中文和西班牙文，以及两种文化之间的交流。狭义的翻译是一种语言活动，是一种以不同的语言进行的交流，旨在将某种思想和观点以更加准确的形式传递给对方。因此，"翻译是一种语言活动"的定义清楚地阐述了狭义翻译的本质，即在多种交流形式之间进行有效的沟通。

英汉翻译是一种将英语思维内容转换为汉语的语言活动，需要不断深入理解原文的含义，并逐步完善表达方式。

（二）翻译的分类

关于翻译的分类，可以从不同角度进行划分。

1. 翻译形式

按照工作方式，翻译可分为口译（interpretation）、笔译（translation）、机器翻译（machine translation）和机助翻译（machine-aided translation）。口译又可分为连续翻译和同声传译（consecutive translation and simultaneous translation）。机器翻译是现代语言学和现代智能科学相结合的产物，有望在某些领域替代人工翻译。

2. 翻译题材

翻译可以根据内容的不同分为两类：文学翻译和实用翻译。文学翻译涉及诗歌、小说、戏剧、散文等文学作品，重点关注情感内容、修辞手法和文体风格的传达。实用翻译则涉及科技资料、公文、商务文件等，重点关注实际内容的表达。

3. 翻译处理

根据处理方式，翻译可分为全译、摘译、缩译、节译和编译等。

4. 翻译代码

根据所涉及的代码性质，翻译可分为语内翻译、语际翻译和符际翻译等。

5. 翻译方向

根据所涉及的语言，翻译可分为外语译成母语和母语译成外语等，如英译汉、汉译英。

除了以上所列几种划分方法，在实际运用中还有许多具体的分类法，这里不一一赘述。

二、翻译的标准与方法

翻译的标准一直是翻译界经常讨论并十分关注的极为重要的问题，也是翻译理论研究和探讨的中心课题。只有明确了解翻译标准，翻译实践才能有章可循、有法可依，才能客观地衡量译文水平的高低和译文质量的优劣。

翻译的方法是翻译赖以实现的具体途径，是在对原文理解的基础上，用译文语言表达的基本方法。翻译的方法是否得当直接影响译文的质量。因此，掌握必要的翻译方法对翻译来说是至关重要的。

（一）翻译的标准

翻译的标准是指导翻译实践的准绳和衡量译文优劣的尺度。在翻译实践中，对于译者来说，有一个可以遵循的准则，而对于译文的质量而言，也就有了一个衡量的尺度。关于翻译的标准，古今中外的翻译家和翻译理论家都有过许多论述。这些论述都有一个共同点，那就是要尽可能忠实、准确地运用恰当的译文语言形式，把原文的思想内容、风格、神韵等再现出来，尽可能使译文读者获得与原文读者同样的感受。

下面简要介绍国内外具有影响的有关翻译标准的论述。

1. 中国翻译标准

早在唐代，我国古代佛经翻译家玄奘就提出"既须求真，又须喻俗"[①]的翻译标准，意即"忠实、通顺"，这一翻译标准直到今天，仍有一定的指导意义。

在19世纪末，清末民初翻译家严复提出了"信、达、雅"的翻译标准，对后世影响极大。"信、达、雅"这一标准是严复在其《天演论》译例言中论述的，主要观点如下：

"译事三难：信、达、雅。求其信已大难矣，顾信矣不达，虽译犹不译也，则达尚焉。……译文取明深义，故词句之间，时有所颠倒附益，不斤斤于字比句次，而意义则不倍本文。

"假令仿此为译，则恐必不可通，则删削取径，又恐意义有漏。此在译者将全文神理，融会于心，则下笔抒词，自善互备。至原文词理本深，难于共喻，则当前后引衬，以显其意。凡此经营，皆以为达，为达即所以为信也。

"《易》曰：'修辞立诚。'子曰：'辞达而已。'又曰：'言之无文，行之不远。'三者乃文章正轨，亦即为译事楷模。故信达而外，求其尔雅……"

从以上可以看出，严复在提出"信、达、雅"的翻译标准时，并作了一些说明。

严复认为，翻译时应该把握全文的主旨，可以颠倒词句的顺序，但要保持原意，不必过分计较词句的对应关系。至于"达"，严复认为非常重要，只有达到信息的要求，才能真正实现翻译的目的。为了达到最佳翻译效果，译者必须仔细阅读"古雅"，将其中的内容融会贯通，并在词句方面作出必要的调整和改动。严复曾指出，"古雅"的翻译必须采用汉代以前使用的文言文，以达到"雅"的效果，否则没有人会去阅读。

不少人对于"雅"有一些不同的看法：不能脱离原文，片面求雅；如果原文不雅，译文怎么能雅？况且，严复主张的是古雅，即用古文进行翻译，这是不可取的。至于"信"和"达"，多年来用作评价翻译的尺度，在我国翻译界一直是没有异议的。

---

① 董晓波. 英汉比较与翻译 [M]. 北京：对外经济贸易大学出版社，2013.

严复的"信、达、雅"翻译标准，不仅因其简洁凝练、层次分明、三字中"达"而震动了当时的译界，而且流传至今已逾百年，仍为许多译者所喜爱，可见其生命力。

在 20 世纪 30 年代，文学家鲁迅提出了"信"和"顺"的翻译标准。鲁迅在《且介亭杂文二集》中指出："凡是翻译，必须兼顾着两面，一当然力求其易解，一则保存着原作的风姿……"这里的"力求易解"和"保存着原作的风姿"实际上就是一种在直译和意译完美结合中而获得的信与顺的理想状态。当然，鲁迅比较强调直译，反对归化，倡导译文应具有"异国情调，就是所谓洋气"。

作家林语堂的三条翻译标准是忠实、通顺和美。这是在他为吴曙天编选的《翻译论》一书所撰写的序《论翻译》中提出来的。林语堂"美"的标准显然比严复"雅"的含义要更广一些，并且更合适一些。①

另外，在文学翻译上曾有人提出"传神"和"人化"等一些翻译标准。如作家茅盾指出"文学翻译的目标"是艺术创造性的翻译；翻译家傅雷提出了"神似"的文学翻译标准；学者钱锺书提出"化境"的标准，即文学翻译的最高标准就是"化"；翻译理论家张今提出"真、善、美"的文学翻译标准，"真"即真实性原则，"善"指思想性原则，"美"即艺术性原则。②此外还有"三似"的翻译标准，即"形似、意似、神似"，作家陈西滢最先把"三似"说引进到文学翻译理论中来。

2. 国外翻译标准

翻译在西方的发展不仅与社会生活息息相关，而且翻译实践与翻译理论密切相连。西方翻译理论界对翻译标准的研究也有许多很有建树的成果，对我国翻译界影响较大的主要有泰特勒、阿诺德和奈达等提出的翻译标准。

（1）泰特勒的翻译标准

18 世纪末，英国的翻译理论家、爱丁堡大学的历史学教授泰特勒在《论翻译的原则》一书中提出著名的"三原则"。

译文应完整地再现原文的思想内容。（That the translation should give a complete transcript of the ideas of the original work.）

译文的风格、笔调应与原文的性质相同。（That the style and manner of writing

---

① 林语堂.林语堂名著全集：第 27 卷 [M].长春：东北师范大学出版社，1994.
② 王志勤.跨学科视野下的茅盾翻译思想研究 [M].成都：四川大学出版社，2019.

should be of the same character with that of the original.）

译文应像原文一样流畅自然。（That the translation should have all the ease of the original composition.）

泰特勒强调的是译文与原文在思想、风格、笔调、行文等方面的一致，而非只注重原文的语言特征。他的观点正是现代译论中主张翻译以"信"为本的依据。[①]

（2）阿诺德的翻译标准

19世纪，英国诗人、批评家马修·阿诺德（Matthew Arnold）也主张译者应与原文"化而为一"，只有这样才能产生良好的译文。他在1861年发表了《评荷马史诗译本》一文，这篇论文是翻译思想史上一个重要著作。[②]

（3）奈达的翻译标准

奈达主张把翻译的重点放在译文读者的反应上，应当把译文读者对译文的反应和原文读者对原文产生的反应进行对比，以确保译文的准确性。因此，在评估译文的质量时，应该以译文读者和原文读者对所接受信息的反应是否一致为标准。奈达结合现代信息传递理论，强调译文至少要使读者能够理解，这是翻译最低的标准，不能让人看懂的译文，就谈不到忠实。他主张"衡量翻译质量的标准，不仅仅在于所译的词语能否被理解，句子是否合乎语法规范，而且在于整个译文使读者产生什么样的反应"[③]。要从这个角度来判断翻译的正确性，正确的译文就不止一种了。为了使各种不同水平的读者能正确理解译文的内容，就要作出几种不同水平的翻译，因而在词汇和语法结构等方面，就要相应调整译文的难度和风格。因此，奈达主张译出各种不同的、供选择的译文，让读者检验译文是否明白易懂。所以，一个好的译者总是要考虑对同一句话或同一段文章的各种不同的译法。从理论研究角度看这样的主张颇有道理。

奈达关于翻译标准的论述被概括为忠实原文、易于理解、形式恰当、吸引读者。他把读者因素纳入翻译标准中，是对翻译标准研究的重大贡献。

另外，值得一提的是，翻译理论家费道罗夫提出了"等值"翻译思想。他在《翻译理论概要》一书中指出，"等值"这个术语用在翻译方面明确地表示着下述

---

① 泰特勒.论翻译的原则[M].北京：外语教学与研究出版社，2012.
② 周亚莉，李强，张亚栎.西方翻译理论选读：卷3：英国卷[M].兰州：兰州大学出版社，2022.
③ 尤金A.奈达.语言文化与翻译[M].严久生，译.呼和浩特：内蒙古大学出版社，1998.

概念：与原文作用相符（表达方面的等值），译者选用的语言材料的等值（语言和文体的等值）。[①]

"等值"也曾被我国一些翻译理论家作为翻译标准。

3. "忠实、通顺"四字标准

鉴于以往的标准都在一定程度上带有时代局限性，今天我们主张遵循"忠实、通顺"（faithfulness and smoothness）的四字标准。这一标准也是我国目前较为通用的翻译标准。

"忠实"既是一部忠实于原作的作品，也是一部尽可能保持原作形式的译作。译者必须准确地表达原作的内容，不能篡改、歪曲、遗漏或随意删减。"忠实"通常包含作品中描述的事实、场景，以及作品所表达的思想、观点、立场和个人情感等。译者必须忠实于原作的形式，包括其体裁和风格。如果原文是诗歌，那么就翻译成诗歌；如果是散文，就翻译成散文。通常情况下，形式不能随意改变。风格包括原作的民族特色、时代特色、语言特色和作者个人风格等。

忠实是翻译工作者必须坚持的原则，但这并不意味着一味地模仿原文的形式或忽略原文的语言特点。相反，翻译工作者应该根据语境的变化来选择适当的翻译方式。

通顺是指译文语言流畅易懂，取决于翻译者的语言能力。因此，翻译应该尽可能地使用流畅、易懂的现代语言。翻译时应该注意保持文章的结构合理，并确保逻辑关系清晰，避免出现语言晦涩或难以理解的情况。但如属原作者匠心独运，有意运用不规范的语言或作品，带有明显的时代特色和地方特色，为了忠实，则不宜改为通顺流畅的译文语言。

忠实和通顺是相辅相成的，不可分割。然而，由于英汉两种语言结构具有差异，因此过分强调忠实可能会影响通顺，过分追求通顺也可能难以做到忠实。在某种意义上，忠实和通顺是相互依存的。如果译文不忠实，那么它的可读性（readability）就会较差，这就失去了忠实的意义。如果译文通顺但不忠实，那么它就会与原作背道而驰，也违背了翻译的基本原则，这就相当于改编。因此，译者的任务就是在这种对立中寻求平衡。为了达到真正的统一，根据不同情况，必

[①] 胡谷明. 苏俄翻译理论导读 [M]. 武汉：武汉大学出版社，2016.

须妥善处理两者之间的关系，既要照顾一方，又要有所侧重，或者两者兼顾互不偏废。换句话说，要使译文忠实于原文，就必须保证文字的规范性和流畅性。如果译文不能让人理解，那么，就不能说它忠实于原文。在翻译过程中，除了注意保证译文流畅，还必须尽可能准确地表达原文的思想内容和风格，否则就不能称之为翻译。

（二）翻译的方法

人们在长期的翻译实践活动中总结出直译和意译两种基本的翻译方法，这两种方法在翻译史上很有代表性和概括性。无论从描述翻译活动还是从传授翻译技巧的角度看，直译和意译的方法都是很有意义的。在具体的翻译实践中，根据两种语言上的共性和差异，依据翻译的实际，灵活处理，能直译时就直译，不能直译时就意译。正如我国翻译理论家陆殿扬所提倡的"Translate literally, if possible, or appeal to free translation"。

1. 直译

直译（literal translation）是一种在译文中尽可能保留原文思想内容的方法，同时也保留了译文语言的特点。原文语言形式包括词序、语序、修辞方法、比喻、形象和民族地方色彩等。

例：Wholesale tea prices have almost doubled.

批发茶价已几乎翻了一番。

例：I received her letter with both surprise and excitement.

我收到她的信又惊又喜。

直译法的基础是语言的共性。一般来说，译文的语言形式与原文语言形式完全对等或几乎对等的现象是客观存在的，在这种情况下就尽可能采取直译的方法。

直译法的优势显而易见：它可以促进不同文化的交流，吸收外来的元素；它可以维持原作的格调；它还可以为我们提供更多的新颖词汇和更加生动的表达方式，使语言更加丰富多彩。

例：To kill two birds with one stone.

一石二鸟。（比较：一箭双雕，一举两得）

例：To pour oil on fire.

火上浇油。

以上几个例子均采用了直译的方法，在忠实于原文思想内容的同时，保持了原文的语言形式和语言特色。

2. 意译

意译（liberal translation or free translation or paraphrase）是指当原文的思想内容与译文语言的表达形式有矛盾而不宜采用直译法处理时，从意义出发，采用不同的语言形式进行翻译，重在保存原文的思想内容。意译是从意义出发，只要求将原文意思表达出来，不注意细节，译文自然流畅即可，意译不注重原作形式，但不得删改内容，添枝加叶。

各民族语言中的词汇、句法结构和表达方式都有其特殊性，当译语与原语形式上发生矛盾时，通常需借助意译来解决这一矛盾。在翻译过程中不必拘泥于原文的语言形式。

例：It's once in a blue moon to be able to watch the Comet dragging its tail so close to the earth.

能够看到拖着"大尾巴"的彗星距地球那么近是千载难逢的事。

例：Don't cross the bridge till you get to it.

不必过早地担心。

例：All things are difficult before they are easy.

万事开头难。

意译法来自语言上的差异。在很多情况下，原文的语言形式和同样思想内容的译文语言形式不完全对等。如果翻译时勉强使语言形式完全对等，内容含义既不忠实于原文，又不符合译文语言的表达习惯，读起来就不通顺流畅。

例：They don't know their right hand from their left.

他们什么也不知道。

例：But no one forces you to go to sea.It gets in your blood.

但是谁也没有强迫你出海，是你心甘情愿嘛！

例：The medicine has brought some relief to me.

这药减轻了我的痛苦。

以上例子均采用了意译的方法。在以上这些情况下，如果采用直译的方法，就可以保存原文手法，但效果反而不好。有时译文读者不易接受，不易理解；有时寓意不明；有时不知所云；有时不符合译文语言的表达习惯。

3. 音译

音译是将一种语言的文本转换为另一种语言的方法，通常会导致一些原本在一种语言中可以理解的内容在另一种语言中无法被理解。音译通常会受到文化差异的影响，因此，需要特别注意。为了保持原作的精髓，我们通常会使用音译来表达它的民族特色。严格来说，音译也可以被视为一种直译。

音译法是一种常用的翻译技巧，主要将英语中的专有名词、科技术语或其他具有特殊含义的词汇翻译出来。例如，microphone 麦克风、Coca Cola 可口可乐、salad 色拉、sandwich 三明治、shampoo 香波、humor 幽默、copy 拷贝、radar 雷达等。

音译法可以引进很多新鲜的词语，促进文化交流，起着重要的桥梁作用。汉语中有不少词语都是通过音译法引进的。其中有些后来又进行意译，如 taxi 译成"的士"。成功的音译可以引起人们美好的联想，如德国名车 BMW 译为"宝马"，现代的名车，就是古代的宝马。

4. 具体情况灵活处理

直译和意译是两种基本的翻译方法。在翻译史上虽然一直存在着直译和意译之争，但大多数人是主张直译、意译兼顾的。直译可以保留原文的风格，并引入新颖、生动的词汇、句法结构和表达方式，使译语更加丰富和完善，同时保留原文的异国情调。相比之下，意译则更容易调和原文和译文的形式，使译文流畅，符合语法规范。需要强调的是，翻译不是死板地翻译或强行进行翻译，意译也不是随意翻译或混淆不清。

直译和意译虽然有时在形式上会发生矛盾，但其目的都是忠实地表达原文的思想内容和文体风格。二者相辅相成。翻译中不可能始终如一，只用一种方法。任何译者在翻译中都在有意无意地兼用两种方法，只是在整体倾向上有所侧重而已。

有时遇到直译、意译都可以的情况又怎么办呢？译者就有必要根据译文的实际效果、文章结构、文体风格等，灵活处理，采用直译，或采用意译。

例：Don't lock the stable door after the horse has been stolen.

直译：不要等马被盗后，才去锁厩门。

意译：不要贼走关门。

例：Smashing a minor is noway to make an ugly person beautiful, nor is it away to make social problems evaporate.

直译：砸镜子不能使丑八怪变漂亮，也不能使社会问题烟消云散。

意译：砸镜子并不能解决实际问题。

可以看出，第一个例子意译比直译好，第二个例子直译比意译好。

例：Words don't always mean what they seem to mean.

直译：文字，语言并不总是它表面的含义。

意译：话语常有弦外之音。

直译译文固然好懂，但意译更充分地表达了原文的含义，也很符合汉语的表达习惯。

例：To believe in man is the first step toward helping him.

直译：相信人是帮助人的第一步。

意译：要帮助人首先要相信人。

直译是很好的译文，意译同样也是很好的译文，而且富于表现力。直译与意译并不是水火不相容的，它们可以结合使用，构造出既信又达的译文语言。

例：He would have liked to leave Tom all his private fortune; but he dared not on account of his terror of Sophia Alethea, his wife; and he died, and poor Tom was only secretly forgiven.

他本想把自己的一份体己全部留给汤姆，然而又害怕妻子苏菲亚·阿丽亚，始终不敢；后来他死了，死的时候只能偷偷地宽恕了可怜的汤姆，也没敢说出口来。

例：It seemed strange that the various editors should permit such redundant flogging of a dead donkey; unless perhaps they had a suspicion that after all the donkey might not be quite dead, and wished to make sure.

奇怪的是，各家编辑竟允许一再鞭打死驴——重复已成定论的东西，除非他们也许怀疑驴子可能没完全断气，想证实一下。

用直译保持原有表达方式，用意译表达其含义。

不能单纯地评价直译和意译的优劣，而应根据它们是否能够准确地表达原文意思，以及是否能够与原文保持同等的效果来进行判断。

综上所述，翻译时须根据原文及译文的具体情况，灵活地选用直译或意译的方法，以求获得忠实原文且通顺流畅的译文。

三、翻译的准备与过程

翻译是运用两种语言的复杂过程，包括正确理解原文和准确运用另一种语言再现原文的思想内容、感情、风格等。由于翻译工作的复杂性，因此适当的准备工作是不可缺少的。通过准备工作，可以使翻译顺利进行。

（一）翻译的准备

翻译前应该进行必要的准备，以利于善始善终。正式动手翻译之前可以做的工作很多，主要注意力应放在查询相关资料，能对原作及其作者进行了解，同时为了保证质量和节省时间，还应熟悉整个翻译过程可能使用的工具书和参考书。

1. 了解作者

对于作者而言，作者的生平、时代背景、政治态度、创作意图和个人风格都是值得深入研究的。比如，若要翻译一名作家的一篇小说，为了获得有关作者的一些基本信息，可以阅读作者自己的传记、回忆录，别人写的评传，或者研读文学史、百科全书、知识词典等。

2. 了解相关背景知识与超语言知识

超语言知识指的是与作品内容有关的知识，这些知识可以通过语言学的定义来描述交际行为的环境、文章的描述方式以及参与者的特征。两个概念的外延合起来几乎涵盖了前辈翻译家说的"杂学"。

具体来说，背景知识与超语言知识大致包括以下五个方面的内容：

（1）作品产生的背景

小而言之，作品产生的背景指作者创作的时间、地点、动机、心态、创作经历等；大而言之，则要包括原语的整个文化状态。

（2）事件发生的背景

文学作品的故事情节发生、发展的背景。也有大小之分，真实与虚构之分。

（3）专业知识

翻译某个学科、某个专业的作品，就应具备该学科、该专业的基础知识，这是翻译实用性资料的基本要求。

（4）常识

有的知识算不上是专业知识，只是原语文化中的常识，但在翻译的理解中不可掉以轻心。

（5）作品传播知识

原作成书后的传播情况，如版本、评注、译文及社会效益等。

掌握背景知识对语言、逻辑、艺术和主题分析等均具有十分重要的意义。我们知道，任何一部作品都是一定历史条件下的产物，所以有关作品反映的年代以及有关国家、人民的政治、文化、社会、宗教、历史、地理、风俗等也要略知一二，这时可以浏览一些关于概况、游记的书籍和期刊。

3. 了解作者的创作手法

为了更好地了解作者，至少应该阅读作者的代表作，从中体会作者的思想倾向、创作手法、表述特点等，尤其是翻译的一些经典作品，也要选读作者的其他某些作品，这样对作者的理解就会深刻一些。

4. 了解作者的语言风格

作者的语言风格也是十分重要的，译者可以试读若干段落，琢磨语篇的语体修辞特点和行文的词汇语句特色，初步接触作者运笔表意的特异之处，对自己翻译时驾驭译语的语言会有较大的参考价值。

5. 准备工具书

翻译是一种双语转换的过程，所以英语和汉语方面的语言工具书是必不可少的。除了常用的一些工具书，还要准备《新英汉词典》等工具书，在翻译过程中会有较大的帮助。

（二）翻译的过程

翻译是一个复杂的技术活动，要求译者精确掌握原文的含义，将其转化为有效的语言，以便将信息传达给读者。因此，翻译的目的在于将原文的精髓和深刻的含义转化为可以被接受的形式。它由三个相互关联的环节组成，即理解、表达和校改。这三个环节是相互联系、往返反复的统一流程，彼此既不能分开隔断，又不能均衡齐观。

为了讲解方便，我们把翻译过程中的理解、表达、校改三个环节分别进行简略论述。

1. 理解

翻译中的理解在许多方面有其自身的特点。

（1）目的性

在翻译过程中，译者希望准确地传递原文的含义，同时也尽量展示出原文的艺术魅力。这就需要译者在理解作品时，比普通阅读者更加深入和精确。翻译的理解系统，从宏观上看，要包括原作产生的社会、历史和文化背景；从微观上看，则要细致到词语的色彩、语音甚至词形。从某种意义上来说，以翻译为目的的理解比以其他为目的的理解所面临的困难都要多。以消遣为目的的理解显然无须去分析作品的风格，更无须认识每个词。即使以研究为目的的理解也无须面面俱到，而只是对所关注内容（如美学价值、史学价值、科学价值、实用价值等）的理解精度要求高一些。

（2）双语思维

以翻译为目的的理解，采用的思维方式不同于一般的理解。一般的理解，其思维方式大都是单语思维，即读汉语作品用汉语思维，读英语作品就用英语思维。以翻译为目的的理解采用的是双语思维方式，既用原语进行思维，又用译入语进行思维。原语与译入语在译者的大脑里交替出现，正确的理解也逐步向忠实的表达推进。

（3）顺向思维

以翻译为目的的理解，表达过程的思维方向遵从的是"逆向—顺向"模式。一般的抽象思维的方向是从概念系统到语言系统，而阅读理解中的思维则是从语言系统到概念系统，是逆向的。一般的阅读理解捕捉到语言的概念系统后，任务便完成了，而翻译则要从这个概念系统出发，建构出另一种语言系统，这则是一个顺向思维的过程。

理解是翻译过程中的第一步，是表达的前提。这是最关键，也是最容易出问题的一个环节。如果译者想要准确地理解原文，就必须从语言现象出发，并结合文化背景、逻辑关系和具体语境来进行深入探究。这样才能更好地理解原文，并解决表达问题。

理解语言现象：深入研究语言现象，包括词汇含义、句子结构、修辞方式和使用习惯。

弄清文化背景：了解目的语当地的文化背景，可以帮助译者更好地理解他们的民族文化。在翻译过程中，译者还需要注意历史文化背景，比如相关的典故。

透过字面的意思，理解原文内在的深层含义：翻译时需弄清具体含义，切忌望文生义。特别是对文学作品，还要抓住其艺术特色，并深入领会其寓意。

联系上下文语言环境：认真阅读上下文，了解语言环境，也就是要在一定的语言环境中才能理解得深刻透彻。只有联系上下文，才能理解原文的逻辑关系，才能确定词语的特定含义。透过表层理解深层意义，同样是凭借联系上下文的语言环境。

从语言学的角度来看，单独的词汇、短语和句子很难被准确地理解，因为它们必须在特定的语境中，并且需要有对应的上下文来支持其含义。

语言的组合语境、情境语境和社会文化语境对理解原文非常重要，如英语单词 fall 在 "I will go to the U.S. this fall" 这样的组合语境中是"秋天"的意思，而在 "fall down" 中是"摔倒"之义，并且 "fall" 的"秋天"含义在英国文化背景下一般不会出现；"fire" 在战场上和火灾现场分别为"打"和"火"；"Could I help you" 从店员和出租汽车司机口里说出来意义则大不相同，前者意思是"想买什么"，后者则可译为"坐车吗"。

在深入理解原文时，译者需要通过语言现象来探究词汇、词组、句子以及段落之间的内在关联。为了更好地理解原文中的多义词，译者需要根据一个词和其他词的结合和搭配进行逻辑推理。当面对一词多类时，译者需要通过分析它们之间的关系来确定它们的类型。通常情况下，英语句子的语法结构比较容易理解，但是有时候译者可能会遇到语法结构不够严谨或者比较复杂的句子，因此需要根据上下文来进行分析和判断。除此之外，译者必须牢记原文的风格特征，这样才能在翻译时展现出它的独特之处。

总之，理解是翻译的基础，为了达到准确的效果，不仅需要掌握一门语言，还需要深入了解目的语当地的文化，并能够恰当地把握语义、逻辑以及语境之间的联系。

2. 表达

表达是翻译过程中不可或缺的一环，是实现由原语至译语信息转换的关键。理解是表达的前提，而表达则是理解的最终体现。因此，准确地把握原文意思，并熟练掌握译文技巧，是翻译成功的关键。

准确的理解是翻译成功的基础，为保证译文的科学性提供了条件。但是，仅凭准确的理解并不能保证翻译出高质量的译文，因为翻译还需要艺术性，这取决于译者的语言水平、技巧和方法。就译语而言，首先要做到遣词准确无误，其次还要考虑语体、修辞等因素，切忌率尔操觚、随便乱译。例如，a little、yellow、ragged、lame、unshaven beggar 语义比较清楚，有人将其译为"一个要饭的，身材短小，面黄肌瘦，衣衫褴褛，瘸腿，满脸短髭"。在翻译过程中，由于语言混淆和语言使用不当，因此导致了许多错误。例如，翻译者未能正确理解汉语的"髭"与英语"moustache"的区别，而"要饭的""衣衫褴褛"等词也不属于同一语域。另外，表达还受社会方言、地域方言、作者的创作手法、写作风格以及原语的影响。

翻译时还必须根据具体的情况选择合适的语言单位。如果把句子作为翻译单位，在句子内部就要考虑词素、词、词组、成语等作为翻译单位的对应词语，同时在句子外部还要考虑句子与句子之间的衔接和风格的统一等。由于两种语言之间存在差异，因此译者在翻译单位的对应方面会遇到表达上的困难。译者必须对两种语言不同的特点进行对比研究，从而找出克服困难的某些具体方法和技巧。

3. 校改

校改是翻译过程中必不可少的一部分。即使翻译得再好，也难免会有疏漏和错误。因此，译者需要认真校对并纠正这些错误。即使没有错误或漏洞，一些术语、译名、概念和行文风格也可能会出现前后不一致的情况。因此，译者需要通过校对来使它们保持一致。在文字方面，译文还需要进行润饰，比如，把表达不够准确的词语改成能够准确传达意思的词语，重新组织语句，使其逻辑清晰、语句流畅等；在分段和标点符号的使用上，应按译文语言的使用习惯来进行处理。具体而言包括以下五个方面：

第一，检查人名、地名、数字和方向等信息，确保准确无误。

第二，检查翻译过程中大的翻译单位是否存在错误。

第三，纠正翻译错误或不当的单词。

第四，纠正错误的标点符号。

第五，进行文字修饰，使译文流畅。

校改是理解的进一步深化，通过校改可以深入推敲原文。一般来讲，译文要校改二至三遍。第一遍重在核实较小的翻译单位，如词、句，看其是否准确。第二遍着重句群、段落等较大的翻译单位，并润色文字。第三遍则要过渡到译文的整体，看其语体是否一致，行文是否流畅协调。切忌通篇充斥生僻罕见、陈腐过时的词句。总之，第一、二遍由微观入手，第三遍则上升到宏观校核。当然，如时间允许，多校对几遍也很有必要。

4. 理解、表达和校改三者之间的关系

上述理解、表达和校改都是翻译过程中不可缺少的环节，而且这三个环节是相互联系的，特别是理解和表达，是很难截然分开的。在翻译实践中，译者在理解原文时，必然要考虑选择什么样的表达方式；在表达时，必然又加深对原文的理解。在对原文某一词语的初步理解不够准确时，就有可能译出与上下文不连贯的表达方式，这时就会迫使译者不得不再一次深入理解原文，从而找出更恰当的表达方式。由此可见，在翻译实践中理解和表达是一个多次反复而又互相联系的过程。至于校改，一般来说是在完成理解和表达的初译过程之后进行的。但是理解和表达过程中多次反复地分析与斟酌，实质上也就包含反复校改的过程，并且在最后校改的阶段，也必然伴随着理解和表达。"校"就是指通过对译文表达形式的校阅，来查对译者对原文的理解是否准确无误；"改"就是把译文中欠妥的表达形式用更好的语言形式表达出来。

第二节 翻译的相关因素

一、逻辑与翻译

（一）逻辑与语言的关系

在历史上，人类在语言的帮助下，不断发展出自己独特的逻辑思维。无论是什么样的思想，无论是什么时候产生的，都必须建立在语言材料、术语和词句的基础上，才能够得以存在。人类思维与语言之间存在着密不可分的联系，"合不合逻辑"也证明了这一点。语法、修辞和逻辑是决定语言运用质量的三个关键因素，而逻辑可以帮助译者检验语言的有效性，发现问题并采取有效的措施来解决问题。

逻辑是一种深入探索人类智慧的重要方法，可以帮助我们更好地理解世界，并将其转化为实际行动。逻辑涉及概念、判断和推理，而这些行为又与语言中的词汇息息相关，它们构成了一个完整的思考框架。翻译的成功需要依靠思考的逻辑性和语言的逻辑性。换句话说，除了思考的逻辑性，语言的逻辑性也至关重要。

当人们使用语言时，必须注意它的逻辑性。当我们思考问题和了解事物时，需要使用概念作出判断和推理。如果我们的概念模糊，判断出现偏差，推理出现错误，就会对思维产生负面影响，导致无法准确地理解事物，从而使表达变得混乱。通过使用逻辑，我们能够更好地理解和表达信息，从而实现预期目标。

（二）逻辑与翻译的关系

翻译是一种语言表达的过程，需要精确、流畅且生动地呈现出来。为了实现这一目标，译者需要在翻译中保持逻辑性。这意味着译者需要恰当地运用逻辑思维的方式来表达原作的想法，以便让译文更清晰、更流畅，并且能够发挥出与原文相同的效果。

翻译是一项极具挑战性的工作，需要深入思考、精准把握文本的含义，结合思维、情感、文化等多种因素，才能完美地传递信息。在翻译的过程中，译者需要不断思考、推敲，把文本中的思想内涵转化为可视化的表达，从而使文本更加生动、有趣、有效地传递给读者。翻译的整个过程都与逻辑密切相关，而且翻译成果也必须经由逻辑思维来完成。因此，翻译本质上就是一种逻辑思维的体现。

1. 理解原文离不开逻辑

理解原文是一项极其复杂的思维过程，而逻辑思维在翻译中的重要性更为突出。在写作时，依靠思维和表达就可以完成，而翻译则需要运用逻辑思维，以便更好地理解原文，从而达到更好的翻译效果。理解句子是一个极其复杂的过程，需要运用所掌握的知识、经验和智慧来推理、分析和理解它所表达的意思。这个过程包括语义辨析、语法分析和逻辑分析三个方面的相互作用。

在英语中，多义词是一个重要的概念，在不同的上下文语境中有着不同的含义。因此，要准确理解这些词语的意义，就必须进行逻辑分析，以便更好地把握它们的含义。确定多义词在特定的语境中所指的概念，需要运用逻辑思维和推理技巧。这些思维方式包括概念、判断和推理，以及其他相关的思维形式。

例：Quite a few engineers ran out of the office to the machine.

许多工程师跑出办公室奔向机器。

The pilot has run out of his own fuel.

飞行员已将他的燃料耗尽。

在本例中，ran out of 这个词组出现在两个句子中，但是它们之间的搭配方式有很大的差异。通过对上下文的分析，我们可以排除它的多义性，从而确定它在每个句子中的意思。

例：We must have a break.

我们必须休息一下。

Suddenly the line went limp. "I am going back." said Smith. "We must have a break somewhere.Wait for me.I'll be back in five minutes."

电线突然耷拉下来。史密斯说："我回去看看。一定是某个地方断了线。等一下，我五分钟就回来。"

在这个例子里，第一个 have a break 指的是它日常使用的含义，即休息一下；但在第二句话里，由于受到一些上下文的限制，经过逻辑推理，我们可以得出 have a break 指的是"断了线"的含义，因此电线才耷拉下来。

2. 结构分析离不开逻辑

通过语法分析，译者可以更好地理解原文的语言结构，但是，当遇到一些棘手的问题时，仅凭语法分析就无济于事了，这时逻辑分析就显得尤为重要，它可以帮助译者更深入地探究语法分析无法解决的问题。

例：the man in the arm chair reading a newspaper.

此例中的 reading 短语修饰说明 the man，而不是说明 the arm chair。判断一个事物的关联并非依赖于任何语言符号，而是依赖于逻辑推理。我们都知道，阅读报纸的人只有自己。因此，在阅读原文时，必须运用逻辑推理来确定否定的范围和对象。同样，理解各种关联（如原因、条件、让步等）、句子结构、名词所有格，以及模糊的状语修饰，也必须依赖于逻辑推理，才能准确地识别原文要表达的意思。

3. 准确表达离不开逻辑

通过逻辑推理，译者可以更好地理解原文，并且可以更加清晰地使用目的语来表达。然而，由于使用英语国家与中国的历史、文化、传统习俗及思维模式存在显著的差异，因此语言的表述也会存在较大的变化。在翻译过程中，应该遵循目的语言的语法结构和语言流畅性，这样才能让读者更好地理解并体验到与原文相似的感觉。

例："You haven't finished your homework, have you？"

The student shook his head and said, "No, I have not."

翻译必须符合汉语的语言逻辑和表达方式，以便更好地理解上述例句的含义和意思。

"你还没有完成作业，是吗？"

学生点点头说："是的，还没有。"

这样，译文才符合中国人的习惯和思想方法，符合汉语的表达方式，准确再现原文意义。

例：They had barely enough time to catch the train.

原译：他们几乎没有足够的时间赶上火车。

改译：他们差点儿没赶上火车。

由于受到英语表达方式的限制，译文中存在严重的"洋"化现象，使得译文的语言逻辑和表达习惯，与目的语的语言逻辑和表达习惯不符，从而无法让读者获得与原文完全一致的感受，因此经过翻译，译文的语言表达会变得更加流畅，从而让读者更容易理解。

4. 译文检查离不开逻辑

逻辑是一种重要的评估方式，用来检验译者对原文的理解和表达是否准确。虽然合乎逻辑并不意味着一定正确，但如果译文不符合逻辑，则可以肯定译者在理解和表达方面存在问题。

例：We realized that they must have become unduly frightened by the rising flood, for their house, which had sound foundations, would have stood stoutly even if it had been almost submerged.

原译：我们想他们一定被上涨的洪水吓坏了，因为他们的房子基础坚实，即使快遭水淹没了，也会屹立不倒的。

分析：原译逻辑上有毛病。"我们想他们一定被上涨的洪水吓坏了"的翻译存在严重的逻辑问题。原译本来应当基于"我们想他们一定被上涨的洪水吓坏了"的论点，并用合适的论据来支持其观点，却采用了一种完全相反的观点，即"我们想他们一定被上涨的洪水吓坏了"的作者毫无恐惧之心。这种做法导致译者推断不出论断的结果，也就无法用论据来反驳翻译者的观点，从而使得翻译的因果关系存在严重的逻辑缺陷。unduly 一词的意思被错误地理解，它本来的意思是过度的恐惧和无谓的忧虑。然而"吓坏了"以一种客观的态度来描述受到的恐惧和忧虑的程度，从而避免了一些误解。

改译：我们认为，他们对上涨的洪水过于担忧，因为他们的房子地基坚固，即使差不多被洪水淹没，也不会倒塌。

此外，除了考虑表达的准确性，还应该注意选用的词语是否能够与上下文相互联系，以及它们的含义是否符合逻辑，以便更好地把握语言的含义。

例：Our policies are limited.

我们的政策是有局限性的。

句中 limited 一词的基本意义是"有限的"。但是汉语中"政策"这一名词习惯上不与"有限的"这个形容词进行搭配。因此，翻译时只有将 limited 改译为"有局限性的"或"受到限制的"，才符合汉语语义逻辑。

例：After all, all living creatures live by feeding on something else, whether it be plant or animal, dead or alive.（NCE, Vol.IV.p.108）

原译：因为，毕竟所有活着的生物，不论是植物还是动物，死的还是活的，都靠吃某种别的东西生存。

在"活着的生物"和"死的"之间，"死的"和"靠吃某种别的东西生存"之间的关系被明确地划分开来，但是由于翻译者没有考虑到它们之间的逻辑关系，因此很明显对原文的理解存在着一定的偏差。it 在这句话里的意思是"something else"，但它并不等同于"living creatures"，因为它可以用来描述其他事物。此句可以译成："所有活着的动物毕竟都是靠吃别的东西而生存的，而不管这些东西是植物还是动物，是死的还是活的。"显然，英汉两种语言的差异源于它们各自的文化背景。因此，在翻译并检查译文质量时，我们应该遵循原作的语法结构。在翻译过程中，译者应该培养对原作逻辑性的认识，并在遇到困难时进行反复思考。

通过上述分析，我们可以发现，翻译是一种需要语言能力的活动，需要思考。在这个过程中，语言能力与逻辑思维密不可分。此外，翻译并非仅依靠外语思考。在这个过程中，译者需要使用两种语言交替地进行思考：首先，译者需要用原文的语言来判断、推理、分析和理解，从而获得原文的内容，形成一个概念；其次，译者需要用译文的语言来思考，从而形成概念或意象；最后，通过精心设计的翻译，译者可以使用语言的表达方式来展现这一概念或想法。

逻辑是一门深入探索思维的规律、形式和方法的科学，在英汉翻译中发挥着至关重要的指导作用。通过运用逻辑思考，译者可以更好地分析原文的结构，更加准确地把握原文的思路，更加精细地呈现原文的文体特点，并且能够更加精细地审视译文的质量，从而更好地完善译文的语言。因此，在翻译过程中，逻辑的应用是至关重要的，它们之间的联系是紧密的。

（三）逻辑分析与正确翻译

通过逻辑思维，可以将一个语句转换为另一个语句，这样才能够更好地理解原文的思想，并准确地传递出来。在翻译过程中，运用逻辑思维的形式和方法，可以帮助译者更好地再现原作的修辞手段。然而，经常出现的情况是，原文并未出现任何逻辑上的问题，但当翻译成汉语时，可能出现与之相悖的结果。这种情况的根源在于，译者未能充分理解原文的含义，从而导致在翻译过程中缺乏对逻辑的深入思考。

例：The patient had a terrible headache.

病人头痛得很厉害。

我们不能用汉语的"病人有厉害的头痛"这样的句子来翻译以上英语句子。在思维逻辑上，这句英语是把"人"处于主述位，而汉语中则需明确"头"为主述位。

在英汉翻译时，应考虑两种语言思维逻辑上的差异这一因素，进行逻辑分析，准确地用汉语思维方式去传达原文的内涵，再现原文风采。

1. 符合客观事实

事实是指客观存在的事物，翻译的目的在于将原文中的内容再现出来，以便让读者能够更好地理解原文的意思，并且能够准确地表达出原文的思想。因此，翻译时必须牢记原文所反映的客观事实，以确保翻译的准确性和可靠性。

2. 概念表述清楚

概念的表述与词的结合有密切的关系。一个单独的词汇，它可能没有明确的逻辑关系，也可能没有清晰的概念。但是，当它们组合在一起，就可能会出现逻辑上的矛盾。原文的思想内容，也就是概念，可以通过将单独的词汇组合在一起来表述，这就是概念的语言表述方式。翻译是将原文的概念转换成适当的语言表述方式，使其能够更好地传递信息。同样的概念可以用不同的方式表述，而且在不同的情境中，这种表述方式也会发生变化。在翻译过程中，译者需要仔细阅读原文，深入理解其中的概念，并以恰当的语言表述出来。同时，译者也应该注意避免出现逻辑混乱或概念模糊的情况。

在翻译过程中，概念是至关重要的。译者不能随意改变原文中所表述的概念，也不能无根据地扩大或缩小它们。译者必须把握这些要素，以便在翻译中取得成功。

3. 保持逻辑一致

在翻译过程中，译者应该保持思路的一致性，避免出现前后矛盾的情况。"不能自圆其说"和"前言不搭后语"的现象通常被认为逻辑上的自相矛盾。如果在翻译过程中没有深入理解词语所表达的概念，或者粗心大意，就可能出现翻译结果与事实不符、不合理、前后矛盾、上下脱节、晦涩难懂、无从下手等问题。

例："You shouldn't be discouraged," mother said to us.We will shook our heads.

从逻辑上看，此句中的 shook our heads 这个短语，在这个特定的上下文中的意思是同意 mother 说的话。那么，翻译时就不能译成"摇头"，而只能译为"你们不必灰心丧气。"母亲对我们说。我们都点头同意。

4. 注意前后呼应

一个句子，甚至一个段落或篇章，单独看可能会觉得翻译得很好，语法正确，语义清晰。但是，如果将它与上下文联系起来，就可能会出现问题。因此，在翻译过程中，除了考虑句子本身的意思，还需要注意上下文之间的连贯性和前后呼应。要想准确地翻译原文，就必须全面分析，弄清楚句子的真正含义。这需要译者先对原文有一个全面的理解，并在此基础上，再运用翻译技巧去表达。同时，翻译过程中也需要考虑到上下文的语言环境，以便更好地遣词造句。

5. 逻辑层次分明

层次分明是一种重要的思维方式，强调了人们在思考过程中应该根据客观事物之间的关系来处理问题。英语和汉语的语言表达方式各不相同，在理解英语时，译者需要注意它的层次结构，并弄清楚它们之间的联系。在翻译过程中，译者需要遵循汉语的语法习惯。

通常来说，英语更习惯简洁明了的陈述，经常会使用跳跃式的推理方法。相比之下，汉语更习惯直接明确的陈述，经常会使用按部就班的方法。因此，在理解英语原文时，译者必须注意语言逻辑层面上的省略（也称逻辑缺失）和并层。

（四）翻译中常用的逻辑思维形式

我们可以清楚地看到，逻辑与思维、逻辑与语言之间存在着紧密的联系。逻辑是一种探索性的思考过程，思维是语言的基础，语言则是思维的实体表达。要想正确理解客观事物，并将其转化为有效的表达，就必须遵循一定的规则。如果一句话或一篇文章没有逻辑性，那么就很难让人理解。在翻译过程中，语言与思维之间存在着一种内在联系，即翻译是一种交流工具，人们使用的是外部语言，而翻译思维则依赖于内部语言。语言是一种外在的表达方式，而思维则是一种内在的认知过程。思维的基本结构包括概念、判断和推理，它们共同构成了翻译的过程。

翻译是一种复杂的语言技能，需要译者运用逻辑思维来理解和表达原文的思想内容。这种思维方式不仅能够帮助我们准确地传递信息，还能帮助我们更好地理解原文的修辞效果，从而提高译文的质量。

翻译活动中常运用以下四种思维的基本形式：

1. 依托语言环境，作出合理判断

正确的思考方法需要依靠客观的分析和评估。这种分析方法可以帮助我们更好地理解和表达我们的想法，避免因为粗心而导致错误。在翻译过程中，我们可能需要注意许多复杂的概念，应尝试去理解和表达。

在这种情况下，我们需要对原文的上下文进行分析，并使用逻辑思维的基本方法来推理出词语的含义。

例：A business must stay in the black to keep on.

一个企业必须盈利才能维持下去。（in the black 盈利）

2. 根据已知前提，进行逻辑推理

在翻译过程中，除了正确的判断，还需要进行精确的推理。推理是基于已有的判断，也就是前提，推导出一个新的结论。因此，我们在翻译时，应该运用这种思维方式，以便能够准确地将原文的意思表达出来，避免因为直译而导致概念混淆、逻辑混乱等问题。

例：People do not know the value of heal till they lose it.

此句的含义是"人不到失去健康，不知道健康的宝贵"，而不是"人直到他们失去健康也不知道健康的可贵"。

3. 运用衔接手段，保证语气贯通

通过判断和推理，我们可以全面理解原文中上下文的含义和前后逻辑关系，并选择适当的翻译技巧来使译文在整体上自然流畅。无论是说话还是写作，都存在着自然与不自然的问题。因此，重视上下文的衔接，保持逻辑严密，语气贯通，才能更好地发挥语言的交际作用。和汉语一样，在翻译英语时需要注意上下文之间的联系。有些人会使用形式上的联系，有些人则会使用意义上的联系。在翻译过程中，译者应根据语言习惯选择合适的语言手段，以便将原文的思想内容紧密地衔接起来。

4. 恰当运用引申，译文符合逻辑

此处所指的引申是从逻辑思维方面出发。为了避免译文中出现逻辑错误，运用逻辑思维手段，对原文所理解的内容，用译文语言加以引申。这样做可以避免在翻译过程中出现逻辑上的错误。

例：Put out the light, and then put out her light.

熄灭室内的灯光，而且熄灭她的生命之光。(两个 light 分别为本意与引申意。) 为了使译文符合逻辑，必须恰当地运用引申的方法。

二、修辞与翻译

每种语言都包含独特的思想内涵，并且都拥有自己独特的颜色。因此，在翻译过程中，译者需要了解原文的颜色含义，并使用适当的修辞技巧来表达它们。通过这些工作，译者才能够准确地传递出原文的思想，并且能够更好地展示出原文色彩和表达效果的丰富性。翻译的使命在于沟通信息，传情达意，它要求译者在使用译语进行表达、再现时，在神、形、韵上尽可能地与原文保持一致。因此，锤炼语言是保证翻译技巧达到纯熟的重要环节。

一般来说，修辞可以被划分为两大类：消极性的表达方式和积极性的表达方式。在翻译过程中，这两种表达方式实际上可以被划分为两个阶段：一个是精心挑选词语，另一个是精心构建句子，以达到最佳的表达效果。两者互为补充，旨在表现出深刻而真挚的情感。

（一）翻译中对原文修辞方式的处理

在翻译过程中，译者应该重点关注如何再现原文的修辞效果，而不是追求修辞形式的平衡。当然，如果能够找到一种与原文相同的修辞方法，那么这就是一个非常棒的结果。通过翻译"情调"和"风姿"，可以使语言更加生动有趣，同时也能够保留原作的精髓。然而，在实际应用中，这种方法通常会遇到困难。因此，译者通常会选择更换修辞或改变表达方式，利用汉语的优势，进行意译或活译。

1. 直译法

因为英汉两种语言的修辞技巧存在很大的共性，所以在翻译时，我们应该尽量使用同一种语言，包括词汇、句子结构和修辞方式，使其保持一致，达到完美的效果。

例：to spend money like water.

花钱如流水（比喻）

2. 变通法

在翻译时，如果在汉语中无法找到与原句完全一致的表达方式和形象，就需要根据上下文情况，采取适当的调整，比如，更换语言、更换词汇、更换语境，并尝试使用合适的修辞技巧，从而达到最优的翻译效果。

例：Six of one and half a dozen of the other.

半斤八两。（转换译语形象，英语用"打"表示，汉语用"斤、两"表示）

例：He is as strong as a horse.

他强壮如牛。（转换译语形象，英语用"马"表示健壮，汉语用"牛"表示这一概念）

3. 解释法

当将一些具有代表意义的汉语词语、句子或修辞技巧翻译成英语时，很难找到一个完美的表达方式，而且直译也会让人感觉过于生硬，使读者难以理解并接受。在这种情况下，译者可以考虑使用解释性翻译。

例：And the Music of the Pead drifted to a whisper and dispeared.

珍珠之歌随波荡漾，余音袅袅。终于完全融进了滚滚波涛。

通过对原文的深入理解和添加恰当的词汇，译者成功地将原文中的情感和意境完美地呈现出来，使得整个作品的魅力得以完整地展现。

4. 意译法

当需要对原文进行翻译时，如果发现它使用的是一些特定的修辞手法，但汉语并不能很好地理解这些手法，就可以舍去原文修辞色彩，直接把它们的含义表达出来。

例：The wind whistled through the trees.

风呼啸着穿过了树林。

此例中原文采用的是"拟人"的修辞方式。"whistled"的修辞手法被广泛使用，但是"吹着口哨"的翻译可能会让读者感觉有些生硬，无法体验到它的美妙之处。

例：The year 1871 witnessed the heroic uprising of the Paris Commune.

1871年爆发了英勇的巴黎公社起义。

在英语中，人物通常会使用拟人的方式来描述他们在1871年目睹的巴黎公社起义。然而，汉语并不习惯使用这种方式来描述年代，并且汉语并不使用年代作为主语，所以通常使用意译。

（二）译文语言的修辞方式

翻译是一项重要的任务，既要理解原文，又要表达想法。在翻译过程中，表达和修辞是密不可分的，因为它们都是探讨语言使用技巧的重要方面。下面，我们将重点讨论四个主要修辞问题。

1. 精心选择词语

为了让翻译更加流畅易懂，需要注意词义的选择和引申。在这里，我们将从修辞的角度出发，讨论如何正确有效地使用词语，使译文语言表达得生动活泼，再现原文的修辞效果。其中，同义词的选择是非常重要的。

例：Every life has its roses and thorns.

人人的生活都有苦有甜。

例："Several weeks, anyhow." he observed, looking steadily into her eyes.

"总要待几个星期吧！"他直勾勾地盯着她的眼睛说。

2. 灵活安排句式

句式的灵活安排是修辞的重要组成部分。汉语有各种各样的句式，包括长句和短句、主动句和被动句、肯定句和否定句、顺装句和倒装句、无主句和独语句等。修辞的目的在于通过运用不同的句式来达到修辞的效果。在翻译中，要考虑的是如何选择句子，使它们既符合原文的体式，又符合汉语的修辞习惯。

在翻译英汉文本时，灵活安排句式是一项重要原则，即在保持原文语言风格的基础上，根据上下文语境来调整译文的句子结构，以满足汉语表达的需求。

译文句子力求长短相隔，以中、短句为最好，长句宜在恰当处断开。译文句子力求少用被动句式。译文句子力求层次简明，语义清晰。译文句子力求气势连贯，行文流畅。

3. 恰当运用成语

译文中恰当运用成语可加强语言表达效果。汉语成语是一种语言修辞手段，言简意赅。成语的修辞作用在于能根据原文的要求达意传神，能使译文增添风采。

例：He was still gloomy and disheartened.

他还是愁眉不展，心灰意懒。

例：Great oaks little acrons grow.

积土成山，积水成渊。

4. 巧用修辞方式

如果原文中使用了某些修辞手法，但汉语中并没有相应的表达方式，那么直接翻译就可能会扭曲原文的意思，或者不符合汉语的习惯。此外，有些英语修辞手法在汉语中根本找不到对应的语言形式，因此意译可能会显得平淡无奇，失去原文的生动性和语言表现力。在这种情况下，译者需要考虑是否可以使用其他的汉语修辞格来准确地表达原文的思想，并保持一定的语言感染力，这就是巧妙运用修辞方式的技巧。

例：painful pleasure.

悲喜交加（英语，矛盾修辞法；汉语，四字成语）

例：He is all fire and fight.

他怒气冲冲，来势汹汹。

英语使用的是押头韵，汉语采用对偶句进行翻译。对偶与排比是汉语的一大特色，在运用这一技巧方面，译者常有驾轻就熟之感。如英语的 weeping eyes and hearts 可译为对偶句："一双双流泪的眼睛，一颗颗流泪的心灵。"

三、风格与翻译

风格是一个复杂的概念，在翻译中需要注意保留原文的语言特点，并对原作的语言艺术负责。

语言风格是指语言的形式和内容之间的统一，既具有外观的美感，又具有内在的魅力。在翻译过程中，译者和译文的风格都反映了作者和原文的特点，它们既有相似之处，又有独特之处。翻译需要准确地传达意思，并展现出译者的风格。翻译技巧越高，作者的风格就越逼真，译者的风格也就会更加生动。

风格和形式是相互关联的，但也存在差异。风格是指一种特定的语言表达方式，而形式则是指一种特定的文化表达方式。由于英汉两种语言的差异，使得它们之间几乎没有直接的联系，但这并不意味着翻译的文字风格就不能接近原作。风格是一种独特的语言表达方式，取决于人们如何选择语言来表达思想。这种表达方式可能包括语音、词汇、句法、修辞手段和篇章结构等方面。因此，风格的表达方式既受到语言规则的限制，也可能超出这些规则。

根据翻译理论，重现原作风格应该是译者的目标。然而，各种语言之间存在差异，完全传达原作的风格，尤其是在文字方面，确实会遇到许多困难。但是，译文应尽可能接近原作的风格，并尽量展示原作的艺术个性。在翻译领域，理论上已经达成共识，因此每个译者都应该努力追求这一目标。为了尽可能地再现原作的风格，译者需要先了解并感受原作的风格。

在翻译时，译者必须考虑原作的思想内容和语言形式，而不能仅仅依靠自己的想象力。因此，译者必须遵循原作的思想内容和语言形式，以便更好地表达译者的想法。

综上所述，风格是可以转译的，译文风格应尽可能与原文风格保持一致。

（一）正确理解原文，忠实传达风格

艺术风格是一种独特的表现形式，体现在作家的创作方法和文字风格上。有时候，人们把风格看作一种抽象的概念，无法直接感受到。实际上，作家的风格主要体现在他们如何选择词语和运用句子。要完全再现原作的风格并非易事。因此，译者只能尽力使译文与原作的风格相似，以达到最佳效果。

翻译的目标应该超越表面的相似性，追求更深刻的表现。译者需要准确理解原文的含义，掌握其中的精髓，并且尽可能尊重译入语的习惯，以便尽可能准确地呈现出原作的风格。

值得一谈的另一点是形象的翻译。形象的翻译，也叫比喻的翻译。一般来说，

在翻译比喻时应尽量保留原文的形象，保留原作的特色。然而，在某些情况下，由于与使用英语国家文化的差异，因此一味地保留原文的形象，忽视两种文化的冲突，其结果通常适得其反。这时，译者应根据译入语的习惯做相应的变通。

在翻译中，必须在正确理解原文风格的基础上来传达译文的风格。这就要求，译文在内容上必须保持与原文完全一致的前提下，在形式上尽可能求其与原文相似。因为只有通过准确地理解原文的内容，并尽可能地保留其语言结构和修辞方式，才能真正展现出原作的风格。只有通过准确地理解原文的语句，准确地表达原文的意义，并准确地模仿原文的精神，才能获得与原作思想、语言和艺术特色相匹配的译文，从而忠实地传达原作的风格。这样翻译后的句子显得非常流畅，展现出原文的语言风格和魅力。

例：Hurst wood was surprised at the persistence of this individual, whose bets came with a sangfroid which, if a bluff, was excellent art.

赫斯渥对这个家伙的咬住不放大为吃惊，他不动声色地连连下注，倘使是"偷鸡"的话，真是极其高明的手法。

赫斯渥因失业贫穷到赌场上碰运气。译者善于捕捉意蕴，锤字炼词，紧扣赌场这一语境。例如，persistence 一词，译为"咬住不放"，sangfroid 不译成"镇定、沉着"，而译成"不动声色地"，选词十分精巧，形象地传译出赌徒之间你争我夺、激烈角逐的心理状态，并且也将原文含有的紧张气氛再现出来。bluff 一词本意为"欺骗"，此处译成赌场行话"偷鸡"，可谓把赌场这一语境译活了。译文中这些精心挑选的词汇再现了原文的风格。

（二）力争形神皆似，追求风格对等

在翻译时，应尽可能地做到译文与原文形神皆似，再现原文艺术风格。

翻译不仅要求意义对等，而且要求风格上也对等。

翻译风格的平衡需要考虑到所有语言的特点，并且尽可能地保留原文的精髓。每个作者都有自己独特的风格，译者在翻译时应该遵循这些特点。例如，同一个作者可能会在不同的作品中使用不同的语言，而且语言表达方式也可能会有所差异。通过对比，译者可以发现，原文中有许多不同的语言风格。在进行翻译时，译者必须充分利用各种翻译技巧和修辞手法，并选择恰当的语言来表达原作的思想和情感。

(三)作者风格与译者风格

翻译工作需要同时兼顾作者和译者的风格。译者的职责是将作者的风格转化为翻译的形式，同时保留原作的艺术特色。这样才能使翻译更加准确、生动，并且能够更好地反映原作的意图。为了尽可能地展现出原作者的风格，译者需要将其与译文的风格结合在一起。译者可以利用语言技巧，将译文的风格融入原作者的风格中。译者的风格应该是原作者风格的延伸，而译文的风格则应该是对原作者风格的尊重和继承。

举例来说，海明威被认为最有影响的现代美国风格作家之一，他的影响中很重要的一个方面是海明威的个人风格。"海明威风格"具有许多内在气质。就语言而言，简练含蓄，海明威经常用十分流畅的谈话体式写作，并常用俚语、俗语等。海明威的文笔简洁凝练、表达准确、直截了当。从表面上看似乎单纯，细而究之则内涵深邃，这就是对他著名的"冰山理论"的最好体现。[①] 海明威较少使用华丽的辞藻，尽量不用形容词，句子短小，结构简单。海明威的风格还表现在非凡的人物对话上，这种对话，并非对人们日常言谈的简单记录，而是经过加工琢磨，给人以非常真实又超过真实的感觉。翻译海明威的作品就必须把握他写作的风格，译文中的语言应符合海明威的语言风格。

所以，为了准确地翻译原文，译者需要了解作者的风格。第一，译者可以通过研究作家的生平、创作历程、方法和时代背景来实现。第二，译者还需要注意作者的语言风格。作者通过语言来展现他的风格，这种风格在"文随其体，体随其人"中得到了体现。这种风格包括语言的倾向、句子的特点、修辞手法、句子的顺序，句子的情态、句式、段落、章节以及整体结构的安排等。第三，作者将这些特点融入"文随其体，体随其人"中。译者应该更好地理解原文的风格特点，并融入作者的艺术风格。

翻译的风格是由原著的风格或作者本人的风格所决定的。正如世界上找不出两片完全相同的叶子，不同作家的风格也是千差万别的。因此，在翻译时，该雅的不可以俗，该俗的不可以雅。原文幽默，译文也该幽默；原文沉闷，译文不可畅快。用王佐良的话就是"一切照原作，雅俗如之，深浅如之，口气如之，文体

---

① 欧内斯特·海明威.海明威文集：死在午后[M].金绍禹，译.上海：上海译文出版社，2019.

如之"[①]。要想实现上述目的，最重要的还是一个"信"字。

例如："Pays as he speaks, my dear child——through the nose."

译文 A："报酬正如他说话，我亲爱的孩子——是从鼻子里。"（注："从鼻里报酬"是一句成语，是肯出大价钱的意思。）

译文 B："他花钱也跟他说话一样，他是说大话，也使大钱的。"

让我们比较以上两个译文。译文 A 逐字翻译，表面上与原文的风格相符，其效果则实在令人难以恭维。如果原文中的一切成语都按这种方法来翻译，不但累了译者，也累了读者，这样的翻译就不如不译。译文 B 则较好地照顾了两种语言的行文习惯，既传达了原文的真正含义，又保留了原文的修辞手法，可谓一举两得，是翻译中不可多得的佳品。

例如：I would add, that to me she seems to be throwing herself away.

译文 A：那我就得再添上一句，我看，她这是把自己这朵鲜花插在牛粪上。

译文 B：我要加上一句，我觉得她似乎是自暴自弃。

throwing herself away 的意思不言自明了。译文 B "自暴自弃"，与原文距离甚远，不着边际。译文 A "我看，她这是把自己这朵鲜花插在牛粪上"不但达意，而且传神。

例如：Now the morning was late May, the sky was high and clear and the wind blew warm on Robert Jordan's shoulder.

译文 A：现在是五月下旬的早晨，天高云淡，和暖的风吹拂着罗伯特·乔丹的肩膀。

译文 B：这是五月底的一个早晨，天高气爽，和风吹拂在罗伯特·乔丹的肩上，暖洋洋的。

这里描写的是五月的早晨，天高云淡，暖风轻吹。译文 A 节奏明快，通顺流畅，译文 B 中把 warm 单独抽出另译，效果极佳。这已经不是死板的翻译，而是典型的再创作，译文 B 较好地保持了原作的风格。

[①] 黎昌抱. 王佐良翻译风格研究 [M]. 北京：光明日报出版社，2009.

第三节 英汉语言对比

一、英汉词汇对比

实际上，任何语言的词汇既在原有词汇的基础之上丰富和扩展，同时还处于一种动态的变化、发展的过程中。英汉两种语言也是如此，词汇作为语言中的基本要素，不同语言的词汇在其发展的历史上形成了固有的特点，但也会随着文化的交流产生深度的融合与交流等。下面就对英汉词汇的整体差异进行对比和探究。

（一）构词法对比

1. 构词形式

（1）前缀

英语词汇常用的前缀约130个，汉语只有几十个，前者如"auto-/pre-/anti-/mis-/un-"等，后者有"自、前、反、非、不、超"等。英语前缀和汉语前缀在意义上基本呈一种对应关系，如"pre-"对应"前"，"anti-/counter-"对应"反"，"ir-/un-/de-/a-/im-"对应"不"等。主要不同有以下两点：第一，汉语部分前缀在英语中没有对应表达，如"阿、初、本、第、老"等；少数汉语前缀与英语后缀对应，如汉语前缀"能、使"与英语后缀"able"对应，可行的——workable、使人舒服的——comfortable。汉语前缀"使、变"与英语后缀"-en"对应，变硬——harden，使某人更强——strengthen；汉语前缀"女"与英语后缀"-ess"对应，女招待——waitress，女演员——actress。第二，英语大部分前缀（en-、a-、be-除外）只能改变词义，不能改变词性；汉语绝大部分前缀两种功能均可，如"超+速"即"超+名词"改为动词"超速"，"打+工"即"打+名词"改为动词"打工"。

（2）后缀

英语后缀有220个之多，其中名词后缀100多个，如"-sion/ness/-ation/-ist/-ity"等；形容词后缀近80个，如"-icy/-ive/-ent/ary/-ory"等；其他的是副词、动词等的后缀，如"-ize/-ise/-ify/-ward/-wise"等。汉语后缀不多，主要是名词后缀，如"头、员、性、主义、分子"等。在语义上，所列英汉后缀基本呈对应关系。主要不同有：一是汉语后缀"头、儿、子"没有相应的英语后缀，如桌子、来头、头儿等；二是汉语中有一种三音节后加式词语，内词根和一个叠音后缀组成，英语中没有对应的后缀，如黏糊糊、灰蒙蒙、酸溜溜等；三是汉语中一些派生出的新词级，英语中也没有对应的后缀，如上班族、考研热、危机感等词里的后缀"族、热、感"等；四是英语的构词形态很少使用句法关系，而汉语后缀构词法引入了句法关系，且应用广泛，如汉语后缀生成的词语中含有动宾关系，如"布道师"，主谓关系，如"私有化"，并列关系，如"压榨机"等。

2. 构词方法比较

（1）复合构词法

英汉语的构词法都很发达。英汉语中都存在大量的复合词，其中以名词居多。从复合词的句法关系来看，英汉语分四种：主谓、动宾、偏正和并列。但是，有时在同一种句法逻辑关系中，英汉复合词在结构格式上仍然存在不同，如同为动宾关系的"letter-writing 和写信"，前者为"letter（名词）+writing（动词）"，后者为"（写）动词 +（信）名词"；同为主谓关系的"earthquake 和地震"，前者为"earth（名词）+quake（名词）"，后者为"地（名词）+震（动词）"；同为偏正关系的"grandfather 和祖父"，前者为"grand（形容词）+father（名词）"，后者为"祖（名词）+父（名词）"。

（2）转化构词法

通常英汉语转化法构词类型主要有名动、形动、形名之间的转化。英语有时有语义和语音的变化，如："drink"由名词转化为动词，既有"喝"的意思，也有"吸收"的意思；"digest"由名词转化为动词时重音由第一个音节移到第二个音节。汉语也涉及语音变化，如"种"由名词的上声转化为动词"种"的去声。英语同一个词可以有多种转化，如形容词"like"可转化为连词、动词、介词和名词等。汉语同一个词一般只在两种词性之间转化，如书写—写字（名词—动词）等。

（3）缩略构词法

英汉语都广泛使用缩略语，但构词方法有不同。英语常用的缩略法有以下几种：融合法，如 motel（motor+hotel）汽车旅馆；首字母拼音/拼缀法（acronyms/initials），如 sonar（sound navigation and ranging）声呐装置；截短法（clipping），如 mobile（mobilephone，截去尾部）移动电话，fridge（refrigerator，截去头尾）冰箱，phone(telephone，截去头部)电话。汉语常见的缩略法有以下几种：并列式，如"教学"（教育＋学习）；动宾式，如"投产"（投入＋生产）；偏正式，如"特警"（特殊＋警察）；同数字法，即采用缩略对象中相同的字，在该字前冠以缩略对象的数目而构成新词，如我们熟悉的"五讲"（讲文明、讲礼貌、讲卫生、讲秩序、讲道德）；求同存异法，即采用缩略对象的相同成分和所剩不同成分结合构成新词，如"指导员"（指挥员、教导员）；去同存异法，即去掉缩略对象相同的部分，然后将不同成分合并构成新词，如"亚非拉"（亚洲、非洲、拉丁美洲）；还有一些约定俗成的特殊缩略形式，如"新马泰"（新加坡、马来西亚、泰国）等。唯有掌握缩略对象的构成规律，在翻译时，找出原词或词根，参照上下文加以判断，除了新造词，它们的新义不会与原词或词根的本义相距太远。

（二）英汉词类对比

从词类方面来看，英语和汉语在词类上大体一致，都有名词——noun、动词——verb、形容词——adjective、代词——pronoun、副词——adverb、介词——preposition、连词——conjunction、感叹词——interjection。但是，汉语有量词，如个、本、只等，英语没有量词。在英语里多用名词表示汉语量词的意思，称其为"表量词"，如 inch/yard/mile 等；汉语有语气助词，如"之、啦、呀"等，英语没有。英语有冠词（a/an/the），汉语里没有；英语中的关系代词和关系副词在汉语中没有对应的词类。然而，词类空缺并不表示不能翻译，只要词汇有意义，都能用语言表达，这是语际翻译得以存在的根本原因。英汉词类上的不同分述如下：

1. 英语冠词的翻译

当不定冠词 a、an 表示数的概念时，和 one 同源，表示"一"。

不定冠词还可以泛指种类，在英译汉时，通常不必译出。

定冠词 the 表特指时与 this、that 意思相同，即对话人双方都明白指的是什么。

2. 英语的关系代词和关系副词的翻译

若关系代词指物或人，可用其所指代的名词来翻译，也可用"他（们）、她（们）、它（们）"等代词翻译；关系副词"where、when"则可用汉语的介词短语"在某地、在某时"等翻译。

3. 对汉语语气助词的翻译

在英语中可用语音、语调、标点符号、特殊词语和词序来表达。

4.汉语量词的翻译

汉语中的量词常和数词结合成数量词,而英语没有量词,所以在将汉语译成英语时,一般只译数词,而不译量词,如"三个工人"译成"three workers"。但是,汉语中的量词也可以翻译成一些表示量的概念的名词。这种特殊量词,在结构上采用"名词+of+名词"等形式。

(三)英汉词义对比

就英汉词义比较来说,英语词的含义范围比较广,词义对上下文的依赖性较大。汉语词义比较严谨、凝滞,词的含义范围较窄,词的意义对上下文的依赖性较小。汉语"因形见义",即形对义的制约较大,主要原因是汉字属于方块字,单独成义,存在着大量的象形字和会意字,如"日"就是象形字,"裤子"中的"裤"字是形声字。就整体而言,汉语一词多义的现象远不及英语。英汉词义大致呈以下四种对应方式:

1.完全对应

完全对应主要是一些已有通用译名的专有名词、科技术语和日常生活中一些事物的名称。

2.部分对应

部分对应即英语和汉语中的多义词,意义的概括上有广狭之分,如 brother(兄、弟)、乐(joy, fan, glad, pleasant)等。

3.无对应词

无对应词主要是语言缺项和文化缺项。英汉语名词的范围广狭不同,汉语的名词除了哲学上的意义,其他都较具体,英语从形容词和动词转化而来的名词则很抽象,在汉语里没有和它们对应的。另外,还有许多文化词语及一些科技新概念的词在汉语里也没有对应之词。

4.表层意义对应,但深层意义不同

有些词语表层意义相对应,但由于文化审美、价值取向的不同,因此词语代表的深层意义也不对应。这主要是由英汉语中大量存在的一词多义的原因造成的,多义词的具体意义只有通过上下文才能确定。由于汉语词的内涵与外延丰富,相对来说,汉语的意义层次有更多的理解。

二、英汉语义对比

任何语言的词语意义都处在"特定的语义构成环境"的参照框架之下,其中包括民族历史文化、心理和观念形态、社会和经济形态以及自然环境。语义形成一般具有以下二者之一的成因:一是反映式的,即语义产生的对客体的直接反映,包括大量具有民族特征的器具、服饰、食物、山川、地理等有形的观念,以及社会心理、道德、伦理、典章制度等无形的观念,如英语中的cheese(奶酪)、fireplace(壁炉)、parliament(议会)等,汉语的芦笙(lusheng)、景泰蓝(cloisonne)、熊猫(panda)等;二是折射式的,即语义产生对客体的间接反映,如英语中的vealy(幼稚的,语义来自veal,即小牛、小牛肉)、claim one's pound of flesh(逼债,语出剧作家莎士比亚);汉语中的铁饭碗(a secured job)等。

一般来说,英语词义较灵活,它们的含义范围更加广泛,丰富多变,而且词义对上下文的依赖性也更大。相比之下,汉语词义更加严谨,它们的含义范围较狭窄,且精确固定,词义的伸缩性和对上下文的依赖性较小,独立性也更大。uncle一词可以指"伯父""叔父""姑父""姨父""舅父""表叔""大伯",而aunt一词则可以指"伯母""婶母""姨母""姑母""舅母""阿姨""大妈",它们都可以用来指代不同的情况。parent,一种常见的表达方式,既可以是"父亲",也可以是"母亲"。例如,I am a young teacher with no experience as a parent, but I have a suggestion for parents. 有a suggestion for parents. 表达的人可能是男性,也可能是女性。但是,在汉语中,说话的人通常是根据自己的性别来表达"没有做父亲"或"没有做母亲"的经历,而不是仅依靠"做父母的经验"一种表达方式。"词本无义,义随人生。"这种语言通常用于泛指的情况,但它也被广泛用于描述各种不同的情况。这表明,英语具有较高的灵活性和可塑性,并且能够很好地适应各种情况。罗伯特·霍尔(Robert A.Hall)在谈到英语词义时说:"人们在特定情况下赋予一个词的任何词义,理所当然地就是这个词的实际词义。"只要出于自然,无须词典来认可,也没有什么真伪好坏之分,有一切取决于"听者的感情态度"(the hearer's emotional attitude),"语言应当听其自然"(leave your language alone)。

汉语不同于英语。汉语源远流长,有其特殊的民族文化和历史传统,用词讲求词义精确、规范、严谨,历来以词义多流变,诫绝生造词义。思想家孔子在公元前479年就提出了"正名"的主张。① 思想家墨子在《小取篇》中说："摹略万物之然，论求群言之比。以名举实，以辞抒意，以说出故。"墨子主张名与实一致，反对词义游移迭变，莫衷一是。思想家荀子在《正名篇》中提出了著名的"约定俗成"论，主张正名言实，力倡词义的规范化、社会化。汉语词义的严谨、精确、稳定，与历代各家所做的规范工作有很大的关系。② 但由于汉语词义比较固定，因此大多流于执着、凝滞，确实给翻译带来一定的困难，故而严复有"一名之立，旬月踟蹰"③之慨。

英语的语法结构非常复杂，它的语义可以是单词、复合词或者更多。这主要是因为它的语法结构受到词语之间联系的影响。相比之下，汉语的语法结构对于单词的语义的影响要更加宽泛，语法结构更加丰富。story 这个词在汉语中被定义为"故事"。"故事"在现代汉语中只能被理解为一种表达方式，因为它的含义会随着语境的变化而发生变化。

第一，具有"事件""事情""情况""情形"等义。

It is quite another story now.（现在情形完全不同了）

第二，具有"报道""消息""电讯"等义。

Last December, the Post first reported that probes were being made in each of those cities, but officials refused to confirm the story.（去年12月，《邮报》首先报道侦查工作已在那些城市里进行，但官员们拒绝证实这条消息。）

第三，具有"内容""内情""真相"等义。

以上还不能涵盖 story 这个词在当代英语中常用的全部词义。相比之下，汉语的意思更加丰富，更加广泛，更加深刻。因此，对于汉语的词义进行准确的分析，已经成为翻译学习的重要组成部分，而如何准确地分析汉语的意思，则成为翻译工作者必须解决的重要问题。

"一般语义构成环境"提供了一个更加全面的视角，来探索人类的共同特征。不论是哪种语言，它们都能够表达相似的内容，而且它们之间也存在着一种"共核"的关系，即人类的共同点大于差异，无论是从经验还是表达方式上来看，它们都是一致的。奈达详细阐述了如何在翻译过程中发现同义词，以证明自己的观

---

① 孔子. 论语[M]. 长沙：岳麓书社，2018.
② 荀子. 荀子[M]. 沈阳：万卷出版有限责任公司，2020.
③ 傅敬民. 译学荆棘[M]. 上海：复旦大学出版社，2017.

点，其中最具代表性的例子就是"white as snow"中的一个成语"白如雪；雪白"。他表示，在一些地方，雪从未出现过，甚至连语言中也没有"雪"这个词。因此，如果按照字面意思直译，就会出现"零位信息"（zero message）这样的句子，毫无意义。奈达提出了三种解决方案：如果当地人没有见过雪，而且他们的语言中也没有"雪"这个词，那么他们可以考虑使用"霜"来表达"雪"的意思，这样就可以将"white as frost"翻译成中文；不同的语言通常都有一些共同的习惯用语，例如"白如白鹭毛""白如蘑菇"。虽然它们的来源可能不同，但它们的含义和比喻都是相似的。因此，我们可以使用目标语言中的相关成语来进行翻译。如果目标语言中没有这些成语，我们就可以将它们翻译为"很白"或"非常白"。奈达认为，将英语成语 spring up like mushrooms 翻译成汉语"如雨后春笋"就是一个完美的例子，从而更好地表达出汉语的文化特色。

上述我们从宏观的角度对英语和汉语的语义特征做了简要的介绍和对比，这些特征和异同将给翻译实践提供原则性指导。从微观上，我们可以将英汉语义之间关系分为以下五种形式：

（一）对应式

对应式也称为契合式（correspondence）。无论汉语还是英语，都处在基本的、共同的"一般语义构成环境"中。因此，词汇中的绝大多数，都可以在双语（多语）中找到对应体（equivalents）。在当今社会，不同民族间的交往越来越深入、频繁，这不仅使不同民族的相互理解不断加深，也使得语言之间的对应式转换具有越来越大的可能性。翻开任何一本汉英字典都可以发现大量的汉英对应体：男子气——manliness，盘香——incense coil，旁白——aside 等。

（二）涵盖式

涵盖式语义关系的词语亦称为文化含义词（culturally loads words），该词所指的事物或概念在对方语言中是有的，只不过在词义的宽窄方面不完全重合（overlap），也就是说只有某种程度的对等。不重合、不对等的部分有大也有小，于是造成了对方的词汇空缺。这种不重合、不对等的情况大都是由各自社会文化对客观事物和概念的不同切分而造成的。就汉语来说，最为典型的，莫过于亲属词的不重合，如哥哥、弟弟（brother），姐姐、妹妹（sister），伯母、叔母、姑母、舅母（aunt）等。这种分类与称谓的不同是由中国和英美国家的社会文化不同造成的。中国特别重视家庭成员关系，长幼有序，尊卑有别，而英美国家要么封建社会历史较短，要么根本就没有这种历史关系。由于这种划分归类的不同，因此造成词汇意义的不对等，构成了词汇空缺。

（三）交叉式

双语语义交叉指双语某一对应的语义场的涵盖面有重叠（契合）部分，也有交错（非契合）部分。这是一种比较复杂的语义关系，要求译者根据语境细心甄别，目的是析出契合部分以适应特定语境的需要。

（四）替代式

替代式也可以称为"易词而译"，即双语语义一致，但表达上变通。也就是说，力求获得语义上一致，必须放弃表面上的对应，以避免"望文生义"的错误。汉英之间处于替代式语义关系的词语很多。比如，"妻舅"的表面意义是 wife's uncle，而实际上，应该是 wife's brother（或 brother-in-haw）。这时如果不放弃表面上的语义关系，就会造成"望文生义"。这种"字面相应，语义相悖"关系的词语必须代之以表达同一所指的替代词语。在古汉语中，"青天"并不是 blue sky，而是"刚正不阿的判官"（或官员），即 upright and impartial judge/official。有时语义还涉及褒贬色彩，褒贬不一也不能只看字面关系，造成貌合神离，如"lock the stable after the horse is stolen"与"亡羊补牢"表面上对应，但前者的意义是消极的，而后者的意义是积极的。

（五）冲突式

冲突式也被称为"语义相悖"。"冲突"指原语中的所指在译语中缺少能指。具有此类语义关系的词汇亦称为"文化词语"，因为文化词语所指的是某个民族特有的事物或概念，对方的语言文化中并无对等词，因此一般采用借用等方法直接植入本国语。其具体译法可归纳为以下五种：

1. 全借用法

例如，英语中的 rage、reservoir、detente 借自法语，pizza、soprano、scherzo 借自意大利语，plaza、peso、llama 借自西班牙语，blitzkreig、weltschmerz、zeitgeist

等则借自德语。此类借用法多见于同一语系的语言之间。

2. 半借用法

例如，英语中 serenade 借自法语（保留法语拼写 senerade，但读音已经英语化），comrade 借自西班牙语（西班牙语 camarada，拼写与读音都略作改动，使之英语化），cartoon 借自意大利语（意大利语 cartone，拼写和读音略作改变，使之英语化），而 quartz 则借自德语（德语 quarz，拼写与读音略作改变，使之英语化）。这种半借用式多见于同一个语系之间，英汉语之间还未见到例子。

3. 音译

非同语系之间的文化词语，在没有创造出合适的新词之前，一般都采用音译的办法，如英语吸收了汉语的 kalin（高岭土）、Kungfu（功夫）等词语，而汉语中来自英语的音译借词也比比皆是，如沙发、三明治、咖啡、吉普、夹克、芭蕾等。

4. 半音译

由两个以上语素或两个词构成的合成词或复合词，可以一部分采用音译，一部分采用意译而构成半音译借词。

5. 仿译

合成词或复合词可以采取按构成结构全部意译的办法借用。例如，"蜜月" honeymoon、"营火" campfire、"蓝领" blue-collar、"篮球" basketball、"黑板" blackboard、"超人" superman 等。

三、英汉句法对比

由于英汉两种语言所属语系不同，所以英汉语言在句法结构方面也存在明显的差异。下面仅结合英汉句子语序差异、英汉句子结构差异以及英汉句子语态差异进行对比分析。

（一）英汉句子语序差异

句序是指复合句中主句和从句的顺序。因为英汉复合句中主句和从句之间的时间顺序和逻辑顺序不完全相同，所以它们的先后位置也不完全一样。英汉句子语序最明显的差异体现在英语语言的突显语序和汉语语言的时序统御。

1. 英语语言的突显语序

英语的突显语序主要是指其习惯于开门见山、一语中的，将重要信息置于句首。这种突显语序不依照时序组句，并且通常负载说话人的兴趣、句义重点，尤其在主从复合句中表现得比较明显。突显语序在信息安排方面有以下三种处理原则：

（1）先表态，后叙事

当句中叙事部分和表态部分同时存在时，英语通常表态在前，叙事在后。

（2）先结果，后原因

在英语句子中，如果因果关系同时出现在主从复合句中，其先后顺序有一定的灵活性。

（3）先前景，后背景

此处的前景是指信息的焦点、关键信息，背景指事件发生的时间、地点，以及其他次要信息和细节。英语喜欢将信息焦点放在句首。

2. 汉语语言的时序统御

在汉语句子建构时，自然时序法则是比较明显的语序现象。在信息安排方面主要有以下三种处理原则：

（1）先叙事，后表态

汉语的句子建构一般采用叙事在先，评判和表态在后的方式。

例：他会干这种事？我不相信。

I don't believe that he should have done such things.

例句遵循了先叙事来铺垫原因，再表明态度观点的顺序。

（2）先偏后正，先因后果

在汉语句子中，先偏后正、先因后果的排列结构也很常见。

例：要是你有急事要办，不要去找那种显然没有多少事可做的人。

If you want something done in a hurry, don't go to the man who has clearly not much to do.

例：她身体很弱，不能动手术。

She cannot be operated upon as she is very weak.

（3）先背景，后焦点

汉语句序还遵循自然的线性序列，即先介绍背景情况，如地点、时间、方式，然后再说出话语的信息。

例：我每年放暑假都到老家山东和父母住一两个月。

I went to live with my parents for a month or two every summer vacation in my hometown Shandong.

在本例中，在动词"住"之前，先介绍地点"老家山东"和时间"每年放暑假"以及动作方式"和父母住"这些背景信息，遵循了"行为主体——行为的各种标记——主体行为——行为客体"的语序。

（二）英汉句子结构差异

一般来说，英语的句子结构非常紧凑和严谨，每个部分都通过连词、介词、代词和非限定形式相互联系在一起。相比之下，汉语的句子结构更为宽松，较少使用虚词，主要是通过语境来表达意思，每个部分的逻辑关系都是由语境来暗示的。在翻译时，我们应注意形合法与意合法之间的转换。分析汉语句子中的内在逻辑关系，化隐含为明示，使用适当的连词而构成形合句。英汉语句型分类如下：

从句子的语气来看，英汉语句型基本相同，都可划分为陈述句、疑问句、祈使句和感叹句四种基本句型。

从句子形态来看，在语言中，英语有多种语言形态，包括人称、数量、格式、时态、语气和非谓语动词，汉语则没有这些形态。英语拥有丰富的语法结构，每个语素都有其独特的语法意义。例如，名词可以用来表示人称、数量或格式，动词可以用来表示时间、地点、语气或非谓语动词，形容词和副词可以用来表示级别，代词可以用来表示人称和格式。通过这些变化和语法结构，英语受到了严格的规则制约。

从句子结构来看，英汉语的句型差异较大，它们的结构不同。汉语的句子通常是简单的，而英语的句子更复杂。英语的句子通常有一个主语和宾语的结构，其他成分的排列也取决于这个主语和宾语的结构。此外，还会有一些附加的成分，如修饰语、限制语、补充语等，它们通过与关联词的搭配形成一种树状的结构。汉语句子不受任何主谓框架的限制，也不分谓语动词和非谓语动词，它们通常按照时间顺序或逻辑顺序，以一种连贯的方式表达复杂的意思，形成一个完整的线性结构。因此，在翻译英汉语言时，首先，我们需要弄清楚句子的主干，并理解它们的准确意思。其次，我们可以根据汉语的句子结构，将树形结构的英语原文转换为线性结构的汉语译文。

从句子的语态来看，英汉语均包含主动句和被动句。汉语多主动句，英语多被动句。同为被动句，英汉两种语言使用被动句的场合不完全一致。英语语法较严谨，一个句子中必须有主语，但汉语则不然，不使用主语是经常见到的，是否用被动句则成为一种选择，而且汉语的被动句不一定要用"被"字。

1. 英语句子的立体结构

在英语句子中的立体结构特征主要体现在以下两个方面：

（1）主干结构

英语句子有主干结构，且有时主干结构较短。以下为英语的七种基本句型：

①主语 + 谓语。

例：The doorbell rang.

门铃响了。

②主语 + 谓语 + 宾语。

例：They enjoyed the party.

她们在聚会上玩得很开心。

③主语 + 谓语 + 间接宾语 + 直接宾语。

例：My mother told me a story.

我母亲给我讲了一个故事。

④主语 + 谓语 + 宾语 + 补语。

例：Many people consider education very important.

许多人认为教育非常重要。

⑤主语 + 谓语 + 宾语 + 状语。

例：Peter didn't take it seriously.

彼得没把这事放在心上。

⑥主语 + 系动词 + 表语。

例：That baby is adorable.

那个婴儿很可爱。

⑦主语+谓语+主语补足语。

例：The sun rose red.

红红的太阳升起来了。

由上述句型不难看出，英语中的句型都有主谓机制，即句子主干。任何复杂的句子有了主干也就建立了句子的基本格局。

（2）主从连接

英语句子结构的立体型特征还体现在从属结构都与主干结构紧密相连，并与之形成一种关系集结。

例：The traveler from the coast, who, after plodding northward for a score of miles over calcareous downs and corn-lands, suddenly reaches the verge of one of these escarpments, is surprised and delighted to behold, extended like a map beneath him, country differing absolutely from that which he has passed through.

一位从海岸来的旅客，往北很费劲地走了几十里地的石灰质丘陵和庄稼地以后，一下子到了这些峻岭之一的山脊上面，看见了一片原野，像地图一样平铺在下面，和刚才走过的截然不同，他不由得又惊又喜。

本例为多重复句，包含一个主句，六个从句。按照句子层次建立一个立体框架，其中主句的核心控制全句的结构，和从句环扣相嵌，句中有句，盘根错节，诸如建筑物的立体构造。英语立体多层次的主从结构使用较多，其主要原因是当有两个意义层时，人们将对重要和次要的信息价值加以区分，主句用于表达重要信息，从句、分词短语则来描述次要信息。

2. 汉语句子的平面结构

和英语句子比较而言，汉语句子呈现平面的结构和样态。主要体现在以下两方面的特征：

（1）叙述句式

多数汉语句子是平铺直叙的句式，在句子扩展中会引起结构的不断变化。例如，一朵梅花—鬓边斜插一朵梅花—红颜小姐鬓边斜插一朵梅花。

由此可见，汉语句子的句首具有开放性的特点，句尾却具有收缩性。这和英语句首封闭性和句尾开放性的特点恰恰相反。

（2）零整相间

汉语句子平面结构的另一重要特征就是存在大量零句。整句具有主谓结构，零句由词和词组构成，没有主谓结构。

例：小李买了九本书，一共十二块钱，拿回家一看，全是半新半旧的。

Xiaoli bought nine books which cost him twelve yuan and when he took them back hornet he found that they were just half new.

在本例中，只有"小李买了九本书"是整句结构，其余成分都是零句，这些零句没有主次之分，借助于自然语序，按意相连。对比英语译文，不难发现，其以限定动词为核心确立主干，再用连接词将重要成分与之相连接，形成了主从层次，进而达到从流散到聚焦、从平面到立体的效果。

（三）英汉句子语态差异

在英语句子中，被动语态较为常见。英语中多数及物动词和相当于及物动词的短语都存在被动式。英语被动语态常用于以下几种情况：当不必说明行为的实行者时、当不愿意说出实行者时、当无从说出实行者时、便于上下文连贯衔接时等。

例：Language is shaped by, and shapes, human thought.

人的思想形成语言，而语言又影响了人的思想。

第一，汉语中很少使用被动语态，这主要是因为"主题—述题"结构在汉语中的普遍性。

第二，在中国文化中，"悟性"结构被视为重要的语言特征，"事在人为"结构则更加关注个人感受。

因此，汉语中的被动语态相对较少。汉语的被动语态与英语的被动语态有很大的不同，汉语通常使用词汇来表示这种语态。这种手段一般又可分为两类：有形式标记的被动式，如"让""给""被""受""遭""加以""为……所"等；无形式标记的被动式，其主谓关系上有被动含义。

例：The Chinese delegates were warmly welcomed everywhere.

中国代表团到处都受到热烈欢迎。

例：His suggestion is rejected.

他的建议被否决了。

第二章　文化视角下的英语翻译

语言是文化的载体，无论是翻译理论还是翻译实践，都不能脱离特定的文化单独而论。本章为文化视角下的英语翻译，论述了文化与翻译的关系、基于多种文化对比的英语翻译、跨文化与英汉文化翻译三方面的内容。

第一节　文化与翻译的关系

一、语言与文化的相关概念

（一）语言相关概念

1. 语言的定义

（1）国外学者的观点

现代语言学之父费尔迪南·德·索绪尔认为："语言是一种自足的结构系统，同时又是一种分类的原则。"[1]

美国语言学家艾弗拉姆·诺姆·乔姆斯基认为："语言是一组有限或无限的句子的集合，其中每一个句子的长度都有限，并且由一组有限的成分构成。"[2]

除上述两种观点外，《韦氏新世界词典》也列出了"语言"最常见的几种释义。

例："any means of expressing or communicating such as gesture, signs, of animal sounde"（任何表达或交流的手段，如手势、信号、动物的声音等）。

"special set of symbol letters, numerals, etc. used for the transmission of information, as in a computer"（一套由符号、字母、数字、规则等组合成的特殊体系，用来传递信息，类似计算机中的信息传递）。

"human speech"（人类言语）。

"the ability to communicate by this means"（通过言语进行交际的能力）。

"system of vocal sounds and combinations of such sounds to which meaning is attributed, used for the expression or communication of thoughts and feelings"（一套语音和语义组合系统，用来表达、交流思想和情感）。

"the written representation of such system"（该系统的书面表述）。

---

[1] 费尔迪南·德·索绪尔.普通语言学教程[M].高名凯，译.北京：商务印书馆，1980.
[2] 诺姆·乔姆斯基.语言学及应用语言学名著译丛：句法结构：第2版[M].陈满华，译.北京：商务印书馆，2022.

（2）中国学者的观点

国学大师赵元任认为："语言是人跟人互通信息，用发音器官发出来的、成系统的行为方式。"[1]

中国当代语言学家张世禄认为："语言是用声音来表达思想的。语言有两方面，思想是它的内容，声音是它的外形；人类所以需要语言，因为有了思想，不能不把它表达出来。"[2]

综合上述观点，可以看出语言实际上是人类为了交际和表达思想而产生的，由词汇和语法构成的重要的符号系统。简单地说，语言其实就是人类交际的一种工具。我们之所以说语言带有工具性质，是因为不论是口头的还是书面的交际，其发生都具有目的性。语言同时还具有交际功能，只有在语言使用者熟悉人类社会交际互动规则的情况下，语言的交际功能才能得到很好的发挥。由此可见，语言、社会和文化是不可分割的一个整体。

2. 语言的属性

（1）系统性

语言的系统性主要体现在两个方面，即二层性和逻辑关系。

①二层性

语言是由语素、语音、词、句子等单位构成的，这些单位之间存在层级性，据此可以将这些单位分为底层结构和上层结构。语言的底层结构是音位，没有任何意义；语言的上层结构是音义结合的符号及符号组成的序列，因此上层结构有明确的含义。上层结构主要分为三个等级：第一级是语素，第二级是词，第三级是句子。语言的层级体系通常被称为"语言的二层性"。

语言单位的数量会随着层级数目的增加而成倍扩大。例如，最底层的音位系统是由无意义的语音组成的，即音节（如前缀和后缀）；这些数量有限的音节组合起来，并与意义相联系，便构成了数量翻倍的语素；语素结合又构成了成千上万的词；词组合起来便形成了无限数量的句子。

②逻辑关系

语言的逻辑关系是指语言单位结合在一起时构成的组合关系和聚合关系。

---

[1] 赵元任. 赵元任全集：第1卷[M]. 北京：商务印书馆，2002.
[2] 张世禄. 汉语史讲义：上[M]. 上海：东方出版中心，2020.

组合关系是指两个具有相同性质或等级的结构单位按照线性的顺序组合而成的关系。这种关系是固有的、已经实现了的关系。例如，"read the letter"是由"read""the""letter"三个语言单位组成的。其中，"read"是动词，"the"是定冠词，修饰限定后面的宾语"letter"，于是"read the letter"就构成了动宾关系。

聚合关系是指具有相同组合能力的语言单位可以在语言的组合机构的同一位置上互相替换的关系。例如，"red pen"中的"red"也可以用"yellow""black"等词语替换，构成新的词组，这就是语言单位之间的聚合关系。

（2）创造性

语言的创造性来源于语言的二层性和递归性。如前所述，语言的二层性可以使语言单位创造出无限多的句子，即使人们从未听过的句子，也能够理解。

（3）任意性

语言的任意性是指语言符号形式与其所代表的含义之间并无必然联系。索绪尔认为："A Linguistic sign is not link between a thing and a name, but between a concept and a sound pattern, or the hearer's psychological impression of a sound."（语言符号并非一个事物与其名称的连接，而是一个概念与一种声音形式，或听话人对一种声音的心理印象的连接。）[1] 换言之，语言符号是由"概念"和"发音"两个要素结合而成的，而"概念"和"发音"之间是没有任何逻辑联系的。正如我们无法解释为什么"桌子"（table）要读作 ['teibl]。

语言的任意性还体现在同一事物在不同的语言中对应不同的表达上。例如，汉语中的"桌子"在英语中是"table"，在法语中是"tableau"，在德语中是"Tisch"。

当然，也有人以拟声词为例对语言的任意性提出过反对意见。对此，索绪尔认为："拟声词不能算是构成语言系统的有机成分，它们不仅数量十分有限，而且在选择上也具有一定的任意性，它们只是对某种声音的模仿，这种模仿或多或少是约定俗成的。"[2]

（4）移位性

语言的移位性是指语言使用者可以用语言谈论与自己所处时间、空间不同的事物。例如，我们在家里可以谈论其他国家发生的事情，也可以谈论历史上的

---

[1] 费尔迪南·德·索绪尔.普通语言学导论[M].于秀英，译.北京：商务印书馆，2020.
[2] 同[1].

著名人物、事件，还可以谈论明天的天气状况。这些国家、人物、事件虽然离我们很遥远，未来的事情更是未知的，但语言可以表达这些事物，这就是语言的移位性。

需要指出的是，动物虽然也有其自身沟通交流的方式，但无法抛开时间和空间的限制去交流。因此，动物的"语言"不具有移位性。

（二）关于文化

1. 共同性

文化是人类认识自然、改造社会的实践活动在物质、精神方面取得的成果的总和。文化是由全人类共同创造的，又为全人类所享有和继承，因而文化具有人类共同性。物质文化以物质实体反映了人对自然界的认识和利用，因而具有非常明显的人类共同性。在不同社会环境中形成的制度文化、行为文化、心态文化，彼此之间也具有可借鉴性：科学技术发明、科技产品及先进的管理方式等已经成为全人类共有的文化；具有永恒生命力的文学艺术作品会受到东西方人的普遍欢迎和喜爱，如西方莎士比亚的作品、我国小说家曹雪芹的《红楼梦》等文学艺术作品受到古今中外读者的喜爱。

2. 传承性

文化要想存在和延续下去，前提是文化的相关要素和信息具有传承性和继承性。如果某些价值观已存续多年并被认为社会的核心理念，则这些价值观会代代相传下去。文化之所以具有传承性，是因为文化具有可传承的内在需求和价值。无论是知识文化还是交际文化，无论是物质文化还是精神文化，都是某一民族思想的结晶和经验的总结，对后人有着重大的意义，是人们巨大的精神财富。正因为文化的这种重要性，文化才具有传承的可能性。

3. 时代性

不同的时代有着不同的文化，这是因为任何文化都是在历史发展演变的过程中产生的。原始人驯养动物、种植植物、创造文字，创造了原始文化；蒸汽机的发明、产业革命的完成，促使人类进入近代文化历史阶段，催生了资本主义文化。文化的依次演进实际上是一个"扬弃"的过程，也就是说，文化的不断发展实际上是对既有文化进行批判、继承和改造的过程。在某些历史时期看起来先进的文化，在后来的历史时期可能就失去了先进性，成为落后的文化，并且被更为先进的文化取代。

4. 变化性

随着时间的推移，社会不断发生变化，与之紧密相连的文化不可避免地受其影响，也会随之发生变化。文化虽然在不断发展，但文化的某些方面，如行为交往方式、思维模式、价值取向等，还是相对稳定、不易改变的。例如，有学者曾对美国的价值观进行过调查研究，结果表明，美国20世纪90年代的大多数文化价值观与200多年前相比并没有发生多大变化。

文化是动态的，而非静止的。它们在社会历史事件的冲击之下，通过与其他文化的接触交往而不断地变动着、进化着。行为举止与社会习俗的变化可能发生得较为快速，而基本模式与世界观、人生观、价值观及意义系统方面的变化发生得较为缓慢。

5. 民族性

苏联共产党和苏维埃社会主义共和国联盟主要领导人斯大林指出："民族是人们在历史上形成的一个有共同语言、共同地域、共同经济生活以及表现于共同的民族文化特点上的共同心理素质这四个基本特征的稳定的共同体。"[①]可见，文化本质上是一种民族性的产物，不属于某一个特定的民族，而是一种共同的文化，它们的存在和发展都受到民族的影响。在古老的社会中，文化的民族性更加明显，它们不属于某一个特定的民族，而是一种普遍的文化现象。每个民族都有能够体现本民族特色的文化，如维吾尔族人能歌善舞等。

（三）语言与文化

长期以来，学术界对语言与文化的关系一直争论不休。这是因为语言与文化之间的关系十分复杂，忽略任何一方面都会导致我们的看法不全面、不客观。因此，必须多角度、多方面、辩证地去看待两者之间的关系。

关于语言与文化的关系，许多学者都曾提出过自己的看法和观点，其中以美国人萨丕尔（Sapir）及其弟子沃尔夫（wolff）提出的"萨丕尔—沃尔夫假说"最为著名。这一假说的中心思想是语言决定思维，大意是说不同语言的人对世界的

---

① 中国社会科学院民族研究所. 斯大林论民族问题 [M]. 北京：民族出版社，1990.

感受和想法也不相同。因此，不同的语言结构决定了不同的世界观、不同的思维方式。该假说一经提出就引起了学术界的巨大争议，有的学者支持这一假说，有的学者则认为该假说过于绝对，认为语言对思维的影响只是相对的，而非绝对的。

今天，随着人们对语言学研究的不断深入，几乎没有人绝对赞同"语言决定思维方式"的观点，但也不能全盘否定该假说的正确性。因此，辩证看待该假说的正确性才是科学合理的态度。

尽管关于语言与文化之间的关系存在着多种观点，但可以肯定的是，它们是紧密相连的。语言是社会文化的重要组成部分，是一种独特的社会现象，而社会文化的发展又对语言产生着重要的影响。正如萨丕尔曾指出的那样："语言的背后是有东西的，而且语言不能离开文化而存在。"[1] 可见，语言和文化是密不可分的。

此外，文化既包括物质文化，也包括精神文化。在物质文化中，语言的作用并不显著，但它对于精神文化的发展至关重要。精神文化需要语言来表现，需要语言来记载，因而语言是精神文化得以产生和发展的必要前提。因此，我们可以说，语言本身便是文化的一个特殊组成部分。

换个角度来说，文化的发展也离不开语言。任何文化的传承和记载都是依靠语言来实现的，不同文化之间的交流和沟通也是通过语言这一手段进行的，可以说语言是文化发展的必要前提。

文化的发展对语言具有促进和制约作用。语言的发展同样需要文化的推动。社会文化的进步可以带动语言的进步。语言体系的完善和丰富，归根结底来源于文化的不断发展。

二、文化与翻译的相互作用

奈达曾在其著作《语言文化与翻译》一书中指出："对于成功的翻译而言，双文化能力比双语言能力更加重要，这是因为词语只有从它们所赖以生存的文化的角度去考察才真正具有意义。"由此可以看出，翻译与文化是紧密相连、互相影响的关系。一方面，翻译可以促进和丰富文化；另一方面，文化促进并制约着翻译。

---

[1] 爱德华·萨丕尔. 语言论：言语研究导论 [M]. 陆卓元，译. 北京：商务印书馆，1985.

（一）翻译促进、丰富文化

翻译作为一种跨文化交际行为，通常担负着传播文化、丰富文化的使命，这也是翻译的意义与价值所在。翻译不仅能促进译入语文化的发展，还促进了不同文化之间的传播与交流。语言既是一种文化的载体，又可以用来传递信息和沟通。它不仅可以帮助我们理解世界，还可以将我们的思想和感受传递给他人。通过使用文字，我们不仅可以获取知识，还能够将我们的文化传递给更多的人。而通过翻译这一中介，世界各地的文化得以传播、交流、融合，碰撞出新的火花，焕发出新的生机。下面就从新词的产生和文学的发展这两个方面，对这一点进行说明。

随着我国改革开放的深入，汉语同英语之间的交流也达到了空前的深度与广度，其中最明显的体现便是外来新词的不断产生与涌入。这些词语或是音译的结果，或是在中西交流中语义引申的结果，或是外来词异化翻译的结果。无论哪种，它们都不断被人们所接受，并成为汉语表达的一部分，可以更为精确地表达在本土文化中本不存在的事物或现象。

在西方文化传入中国的同时，中华优秀传统文化也传入了西方，并对世界产生了广泛的影响。今天，外国许多国家都知道中国的太极拳、少林寺和武术，了解了中国的节日习俗，认可了中国人名的表达方式，如跨栏飞人叫"刘翔（Liu Xiang）"而不是"Xiang Liu"，篮球明星是"姚明（Yao Ming）"而不是"Ming Yao"。

（二）文化促进、制约翻译

1. 文化影响翻译选材

文化对翻译选材有着重要的影响，这种影响体现在翻译目标和文本选择方面。在中国近代翻译活动中，严复、林纾可谓风云人物。林纾说，他翻译《黑奴吁天录》就是要使中国人正视"为奴之气势逼及吾种"的现实。[1] 在该书的"跋"中，他再次强调与文人魏易翻译此书的愿望："余与魏君同译是书，非巧于叙悲以博阅者无端之眼泪，特为奴之气势逼及吾种……今当变政之始，而吾书适成。……吾

---

[1] 唐侃，曹瑞斓，刘菱馨. 从意识形态角度看林纾的翻译思想——以《黑奴吁天录》为例[J]. 长江丛刊，2021（27）：18-19.

书虽俚浅，亦足为振作志气，爱国保种之一助。"林纾出于爱国热忱，希望通过翻译此书给国民敲响警钟，使其认识到亡国灭种的危险。

2. 文化影响翻译过程

美国语言学家爱德华·霍尔认为："翻译不但是两种语言体系的接触，而且是两种不同文化的接触，乃至是不同程度的文明的接触。翻译过程不仅由语言因素所决定，还由社会因素和心理因素所决定。"[①]由此可以看出，翻译不仅是两种语言之间的转换，还涉及文化和形式的转变。换句话说，翻译过程中需要考虑整个交际语境，并且能够让读者以一种自然而适当的方式对译文作出回应。这里的交际语境，指的就是文化因素。一方面，文化具有共同性，任何文化之间都会有一定的重叠，这也是翻译的基础；另一方面，文化也具有多样性，大多数的文化意义是存在差异的，这便是翻译的难点。

概括来说，翻译可以分为两大阶段，即理解阶段和表达阶段。理解是翻译精准、得当的前提，表达是落实这一标准的实际行动。无论是在理解阶段，还是在表达阶段，译者都必须结合文化因素来思考和选词造句。一篇文章向读者所传达的不仅是文字知识，还包括其在特定社会条件下所形成的独特的文化信息，如民族情感、个人情感、生活态度、风俗习惯等。如果译者仅从文字的表面入手，就很难准确理解原文的精神实质，译文自然也就难以再现原文的神韵。这就需要译者准确分析和翻译原文的文化意义。由于译者本身也是一个文化个体，虽然他可能并没有意识到，但他确实正受到自身文化取向和文化身份的影响，因此无论译者在翻译时再怎么努力摒弃主观因素，也很难抛掉自己身上的文化烙印。这种烙印根深蒂固，其影响会贯穿整个翻译过程的始终。

三、文化差异对翻译的影响

通过前面的介绍可以推断，文化差异必然会给作为跨文化交际中一个重要形式的翻译带来极大的影响。根据奈达对翻译中的文化因素所做的分类，下文将结合实例来分析中西文化差异对英汉翻译的影响。

[①] 爱德华·霍尔. 无声的语言[M]. 侯勇, 译. 北京：中国对外翻译出版公司, 1995.

（一）语言文化差异对翻译的影响

语言不仅是文化的重要组成部分，还是文化的载体。英汉两种语言的词汇、句法、习语、修辞等都有各自的特点，而且这些特点对翻译有着直接的影响。

1. 词汇方面

词汇含义的部分重合或字面含义相同、实际或文化含义不同的现象十分常见。例如，汉语中的"宠儿"是指被他人特别宠爱的孩子，而英语中的"favorite son"指的是被自己所在的州所拥护的政治候选人。如果译者不了解这些文化差异，就可能产生误译。由此可见，译者在翻译的过程中了解词汇的深层文化内涵非常重要。

例：It was Saturday afternoon, and the landlady was cleaning the stairs.

译文：那是一个星期六的下午，女房东正在打扫楼梯。

在英国，常有人将房屋分间进行出租，这样的人通常被称为"landlord"或"landlady"。译者如果不了解这一文化背景知识，则很有可能将"landlady"错译为"女地主"。

2. 句法方面

在句法上，汉语造句注重意义连贯，句子形式可根据表意需要加以变通，较为随意，即汉语重意合。相比之下，英语造句对结构有着严格的要求：句子不仅要结构完整，还要注重形式接应，句子的形式严格受到语法的制约，即英语重形合。因此，在句子翻译层面上，译者必须考虑到英汉句子衔接方式的不同，从而使译文更加符合目的语的表达习惯。

例：种瓜得瓜，种豆得豆。

译文：As you sow, so will you reap.

本例汉语表达中并无任何连接词，却能使人们得到很好的理解。英语句子却需要靠"as"和"so"来衔接前后，表明逻辑关系。由此即可看出，汉语重意合、英语重形合的特点。

除了形合、意合的差异，英汉句子在主语表达上也存在差异：英语习惯用非生物名词做主语，而汉语习惯用生物名词做主语。所以，译者在翻译时要注意对主语进行位置上的调换。

例：It is believed that his performance is the best.

译文：人们认为他的表演最好。

例：Not a sound reached our ears.

译文：我们没有听到任何声音。

3. 习语方面

习语是一个民族文化的积淀和人民智慧的结晶，有着明显的民族性。英汉两种语言中的习语也存在着很多形似而意悖的现象，所要表达的意思与其字面意思大多没有直接的关系。因此，习语的翻译通常要求译者对习语本身有十分透彻的理解，否则就很容易产生误译。

例：He is the man who always wears two hats.

从字面上理解，"wears two hats"可译为"戴两顶帽子"，但如果这样翻译，读者就会对译文不知所云。其实，这一习语是"身兼两职、双重身份"的意思，如果了解了这一含义，上句的翻译就不会出现错误了。再如：

原文：Since Mike's wife passed away, he's been wearing two hats at home as both father and mother.

译文：自从迈克的妻子去世以后，他在家里既当爹又当妈。

原文：They are so shorthanded at Joe's office that he has to wear two hats.

译文：乔的公司太缺人手了，他不得不同时担任两个职务。

4. 修辞方面

修辞是语言表达艺术化的一个重要方法，在文学作品和日常生活中多有涉及。很多修辞格虽然同时存在于汉语和英语中，但在具体使用上存在或多或少的差异。这些差异对翻译造成了不小的障碍。

例：原文："... you had got to the fifth bend, I think？"

译文："……你说到了第五个弯儿了，不是吗？"

原文："I had not！"cried the Mouse, sharply and very angrily.

译文：那老鼠很凶、很愤怒地喊道："我没有到！"

原文："A knot！"said Alice, "oh, do let me help to undo it."

译文：爱丽丝道："你没有刀吗？让我给你找一把吧！"

本例原文利用"not"和"knot"这两个谐音单词制造出双关修辞，贴切地表现了爱丽丝的心不在焉，达到了幽默的效果。一般来说，双关几乎是翻译不出来的，因为汉语中很难找到合适的词与英语单词谐音。如果照搬直译，译为"一个结。噢，让我来帮你解开（结）"，一则显得单调乏味，二则没有体现出"not"和"knot"这两个谐音单词制造出的双关修辞。但语言学家赵元任利用"到"和"刀"这两个谐音汉字也制造出了双关修辞，再现了原文的语言特色，实属佳译。

总而言之，英汉两种语言所属语系不同，其语言表达习惯、形式等都有巨大的差异。这就要求译者熟悉和灵活处理这些差异，将原文的语言风格、文化内涵原汁原味地呈现给读者，这样才能译得准、译得好。

（二）社会文化差异对翻译的影响

社会文化错综复杂，包罗万象。一个民族的政治、历史、经济、风俗习惯、价值观、思维方式，以及社会活动的特点和形式等都是社会文化的表现。与其他差异相比，社会文化差异对翻译造成的影响更大一些。以下针对三种英汉社会文化表现差异对翻译的影响进行简要介绍：

1. 价值观念

翻译涉及价值。翻译价值问题是翻译研究中的一个重要话题。我国翻译研究领域的诸多知名学者都曾围绕该话题有过精辟论述。方梦之教授指出："一个独立的社会群体往往会有一套完整的价值体系。面对翻译，人们遵从特定的价值基准而抱有一套信念、原则和标准。"[1]

由此而言，翻译原则、翻译标准的确立都基于特定语境下的翻译价值观，而翻译行为必然以一定的价值追求为目的。翻译作用、翻译功能、翻译影响及翻译价值这些词语，虽然意义有所区别，但就本质而言，指的都是翻译活动应该起到或所起的作用。因此，在这个意义上，建立翻译的价值观，可为我们进行翻译评价与批评提供理论的基础。

汉语社会文化价值观推崇谦虚，如在文章中经常可以看到"鄙人""犬子""拙文"等谦辞。英语社会文化则推崇个人表现，因此很少有这类谦辞。

---

[1] 方梦之. 译林留痕——方梦之译学文集 [M]. 上海：上海外语教育出版社，2014.

2. 思维方式

相对而言，中国人重具象思维，对事物的描述和表达都尽可能具体。而英美人重抽象思维，擅长用抽象的表达描述具体的事物。英语科技文章中多概括、笼统的抽象名词，而汉语文章中多具体词语。译者在翻译这些具体词语时，如果生硬直译，就会使译文晦涩难懂。因此，需要将英语中的大量抽象名词具体化，以使译文符合汉语表达习惯。

例：Is this emigration of intelligence to become an issue as absorbing as the immigration of strong muscle？

译文：脑力劳动者移居国外是不是会和体力劳动者迁居国外同样构成问题呢？

本例原文中的"intelligence"一词原意为"智力，理解力"，"muscle"的原意为"肌肉，体力"。但译文并没有进行死译，而是灵活地将它们译为"脑力劳动者"和"体力劳动者"。很明显，将抽象名词具体化以后，译文就更容易被理解了。

3. 风俗习惯

风俗习惯涵盖的范围很广，如称呼、寒暄语等都属于风俗习惯的范畴。中西方风俗习惯上的差异也要求译者综合考虑源语文化和目的语文化，灵活进行翻译，不能将源语文化"生拉硬拽"至目的语中，否则目的语读者就无法理解译文，达不到文化传播的目的。

在称呼方面，英语中的亲属称谓只有"dad""mum""grandpa""aunt""uncle"等为数不多的几种表达，而且多数情况下人们经常直呼其名。中国素有"礼仪之邦"之称，称谓尊卑有别、长幼有序，区分得十分严格。有时一个称谓不止一种叫法，如"妻子"，英语中只有"wife"一种叫法，但汉语中则有"老婆""爱人""内人""内子""拙荆""堂客"等多种称呼。因此，在翻译中遇到这种情况时，译者需要根据上下文弄明白文中人物的亲属关系，从而确定具体应该翻译成汉语中的何种称谓。

在寒暄语方面，中国人见面打招呼时常说"你要去哪儿""你吃饭了吗"。类似这样的话语均为礼节性打招呼的一种方式，并无深意。然而，西方人对这几句话非常敏感，如果译者翻译时直译，就容易令他们不知所措，甚至有可能引发冲突。因此，译者要视具体情况作出相应的客套话的转换，改用英语惯用语"Good morning""Hello""How are you"等。

在祝贺、赞扬、道谢等方面，英汉民族的习惯基本上也不相同。例如，英美人听到他人对自己赞美时，通常会接受赞美，并表示感谢，而中国人面对赞美时常表示自己受之有愧。

四、生态翻译理论与文化维度

（一）生态翻译学及其渊源

1. 生态翻译学简述

2004 年，胡庚申教授发表了《翻译适应选择论》，这一重要的著作将生态学和翻译学紧密结合，开拓出一片全新的研究领域。该著作以博物学家达尔文（Darwin）的适应选择理论为基础，提出了译者在不同的翻译环境中应如何作出最佳选择的观点。基于这一观点，胡庚申多次发表论文，阐述了自己关于将生态学与翻译学结合的理念，并提出"生态翻译学"和"生态转向"，以深入探讨这一话题。[①]

胡庚申认为，生态翻译学起步于 2001 年，全面展开于 2009 年。生态翻译学是一种生态学的翻译观，或者说是一种生态学的翻译研究途径（an ecological approach to translation studies）。生态翻译学着眼于翻译生态的整体性，从翻译生态环境的视角解读翻译过程，描述译者与翻译生态环境之间的关系，聚焦译者的生存境遇和翻译能力发展。单从概念定义可以看出，生态翻译学旨在探索"生态学""生态环境"等关键词背后的跨学科理论，并以"译者为中心"为基础，构建翻译理论的生态系统，以译者的视角来解释翻译活动。它旨在通过新的视角来深入探究翻译的本质，并以此为基础提出更加全面的解释。"生态翻译学"中的翻译学是一个重要的概念，涉及语法学和生态学的各个方面。生态学是一种修饰语，可以帮助我们更好地理解翻译现象，并将其与语言学、文化学、认知学和社会学等学科结合起来。"生态翻译学"是一门具有重要意义的翻译学分支学科，为我们提供了一个全新的视角。[②]

生态翻译学是翻译研究的新范式还是新视角？它是否具有存在的科学性？它是否可以成为一门独立的学科？尽管目前学术界尚未就这些问题达成共识，但是

---

① 胡庚申. 翻译适应选择论 [M]. 武汉：湖北教育出版社，2004.
② 同①.

我们仍然可以从多方面探索和质疑，尤其是在生态翻译方面，近20年来，人们对蕴含生态元素的研究取得了长足的进步。1988年，教师彼得·纽马克（Peter Newmark）提出了一种新的翻译理论，将翻译过程中的文化因素纳入其中，并将其与生态学相结合。因此，生态翻译学研究应当着眼于两个方面：一方面，它可以借鉴生态学的基本理念，如整体性、联系性与和谐性，用于翻译研究，以此来拓展、改善和丰富翻译研究；另一方面，它可以从生态学的角度出发，将翻译研究作为一个跨学科的整合研究，以生态学的理念为基础，建立一个完整的翻译学理论体系，以此来更好地理解翻译过程中的文化因素，并将其融入翻译研究中。通过这种方式，翻译研究变得更加多样化、更加符合语境、更加完整。

2. 生态翻译学产生的渊源

从18世纪60年代蒸汽机引领的工业革命，到现在互联网的迅猛发展，人们利用科技的力量，实现了对世界的统一，也使得生态翻译学的出现成为可能，这一过程受到了多种因素的影响，其中包括历史的必然性、时代的特殊性、理论的基础性、学科的方法性以及本体的兼容性。人类中心主义思想在西方长期盛行，"植物的存在就是为了动物的降生，其他一些动物又是为了人类而生存，驯养动物就是为了便于使用和作为人们的食品，野生动物，虽非全部，但其绝大部分是作为人们的美味，为人们提供衣服以及各类器具而存在"[①]。亚氏的自然目的论思想极大地推动了人类对自然资源的控制，从而引发了一场激烈的文化冲突，以及一场以人类为中心的社会革命。这种革命性的改变，使得工业化、农业化、城市化进程以及社会发展模式都受到了极大的影响。因此，生态视角的翻译研究显得尤为重要，并且具有不可忽视的历史意义。

1978年，美国学者威廉·鲁克特尔在《文学与生态学：一次生态批评实验》这篇文章中首次提出生态批评。随着时代的发展，生态批评已经渗透到了各个领域，包括中国、美国、日本和其他国家，它已经成为一门独立的学科，并且受到了广泛的关注。随着全球化的发展，不同地区、不同文化的交流日益密切，多元文化的普及也促进了翻译研究的发展。因此，我们需要采用跨学科的综合方法来探索不同的文化差异。

研究生态视域翻译的理论基础源于语用学、文化和认知学等学科的发展，这

---

① 曹孟勤. 生态哲学研究 [M]. 上海：上海三联书店，2019.

些学科为生态视域翻译研究提供了重要的理论支持,并为其发展作出了重大贡献。这些理论成果为生态视域翻译研究提供了重要的理论基础,有助于推动翻译研究的发展。翻译适应选择论对于构建完整的生态翻译学话语体系至关重要,它不仅深入探讨了翻译本体,还为其提供了有力的支撑。生态翻译是一门涉及多个领域的学科,其发展受到许多生态学和哲学思想的影响。这些思想为我们提供了许多有关生态翻译的概念和原则。无论是什么,生态翻译都与其所处环境密切相关。因此,我们必须确保这些领域能够相互协作,以实现更好的生态效果。

(二)翻译研究的物种、性别维度

随着世界各地的一体化,各个民族、各个文化的交流变得越来越密切,各种不同的文化正在不断地碰撞、融合、共存。翻译研究也是这样,受到多方面的影响,它从传统的语用学转向(pragmatic turn)发展到文化转向(cultural turn),再到经验论转向(empirical turn),最终发展成为全球化转向(globalization turn)。我们有义务保护地球家园,并确保家园能够维持生态平衡。为此,我们需要对翻译进行更深入的研究,并重新审视其中所包含的历史语境。在当今多元文化主义的时代,翻译研究已经不再局限于跨文化交流,而是涉及许多方面,如政治、经济、社会、种族、性别、物种以及环境等。

德国学者贾斯塔·霍尔兹·曼塔利提出了"译行为"指代"翻译",用来表示含义广泛的各种跨文化交际行为,[①]因而在生态语境下审视翻译,翻译研究的生态之维体现在物种、性别、种族、区域及阶级等多个维度。通过实施生态翻译,我们可以实现真正的平衡。

生态批评的发展历程从一开始的人类中心主义,逐渐演变为一种更加全面的生态整体主义,它把人类与自然、动植物之间的关系研究带入一个全新的阶段,从而为我们提供了一个更加全新的视角。20世纪80年代以来,"动物转向"和"'爆炸性'研究"的出现,为西方人文社会科学领域带来了重要影响,其中对动物的研究也受到了极大的关注。因此,如何在翻译过程中消解动物的他者地位,重新赋予它们自主性,实现主体间性原则,以及保持翻译生态环境的平衡与和谐,都是生态翻译学研究必须重视的一个重要课题。

---

① 刘云虹.译行为与翻译批评研究——《译者行为批评:理论框架》评析[J].中国翻译,2015(5):65-70.

胡庚申认为："翻译是语言的转换，而语言是文化的一部分；文化是人类活动的积淀，而人类又是自然界的一部分。"同时，"人类作为自然界中的成员，长期的人类交际活动形成文化，文化以语言为媒介传播，语言不通就需要翻译"。因此，胡庚申得出翻译活动与自然界之间的相互关系，认为"作为人类行为的翻译活动与自然界的活动，不管是直接的还是间接的，总体上都是关联的和共通的"[①]。胡庚申的翻译活动理论为生态翻译提供了重要的理论基础，他将人类的认知转化为自然界的形式，这一过程不仅具有时空性，而且是一种理想状态下的理论设想。为了实现翻译与自然界之间的关系，必须打破中心论和不平等的思想观念，以此为基础，胡庚申的翻译活动理论为我们提供了一种新的视角，以更加全面、深入理解自然界的形式，实现翻译与自然界之间的有效互动。

生态翻译旨在探讨生态差异，这种差异可以从多个角度来体现。只有当译者意识到翻译中的差异，并能够适应性地选择和解构这些差异，才能更好地完成"信、达、雅"。生态翻译观是一种基于主体间性原则的平等翻译，旨在消除中心主义和不平等主义，更好地促进交流和信息传达。

此外，生态翻译观是发展的翻译观，因为翻译理论本身是一个综合的、开放的系统，与许多学科和艺术门类息息相通。为此，我们需要努力建立一个完善的翻译生态环境，使翻译更加公正、均衡。

1. 物种维度

在一定的历史背景下，语言和文化不可避免地会受到时代的影响。在人类中心主义的思想框架下，人类以自身为中心，以自身价值观作为衡量标准，使得人类与自然界及其他物种之间处于一种相互依存、相互制约的状态。生态翻译学的核心思想是生态整体主义，强调了非中心化的重要性，认为自然界中的其他生物也可以参与到翻译过程中，从而促进部分交流的群体化。因此，在实际操作过程中，应该充分考虑语言和文化层面上的影响因素，以保证翻译的平衡性。在生态系统中，所有成员之间存在着一种相互依存的关系，而不是一种主动或被动的关系。通过重新定义语言文化，我们可以建立起一个多样的社会，并且能够更好地理解人类与其他物种的关系，从而形成一个更加和谐的社会。最终，我们可以通过保持翻译系统的生态平衡，来实现人与自然的共存。

---

① 胡庚申. 翻译适应选择论 [M]. 武汉：湖北教育出版社，2004.

2. 性别维度

生态女性主义和女性主义翻译的兴起是生态翻译性别维度产生的基础。法国学者弗朗索瓦兹·德奥波妮（Francoise D'Eaubonne）于1974年在《女性主义还是毁灭》中首次提出了生态女性主义。[①]

20世纪80年代以来，女性主义翻译研究迅速发展，她们强调译作与原作之间的关系。

因此，生态翻译应该以性别维度为基础，实现两性在语言文化层面上的平等，促进主体间性原则的交流，以及保持翻译系统的生态平衡。

按照生态整体主义的理念，在交互主体性翻译中，我们的目标是促进交流，实现翻译生态环境的平衡。在翻译过程中，译者应该意识到源语的历史文化背景，源语作者的写作意图、目的和对象，以保证翻译的顺利进行。为了保持全球文化生态翻译系统的平衡，主体间性必不可少。没有主体间性，译者中心论就无法发挥其作用，也就失去了"中心主义"的意义。因此，在翻译生态环境中，主体间性的重要性不可忽视。

第二节　基于多种文化对比的英语翻译

一、地域文化对比下的英汉翻译

地域文化是一个含义很广的概念。具体来说，方位文化、东风文化、西风文化、动物文化、植物文化等都属于地域文化的范畴。由于受到不同文化背景的影响，因此英汉地域文化存在诸多差异。

（一）英汉方位文化的对比

方位文化具有丰富的历史文化内涵，是一个民族的风俗习惯、宗教信仰、价值观念的综合体现。

一般来说，英语中的 east、west、south、north、center 等词仅用来表示方位，在用法与含义上没有特殊性，也不具有文化上的联想意义。与此不同的是，汉语

[①] 王晓英. 她世界——西方女性文学百部名著赏析[M]. 合肥：安徽人民出版社，2004.

中的很多方位词都有其特定的含义，下面就来具体分析。

1. east 与东

（1）east

英语中的 east 表示"东、东方"。

例：It is the East, and Juliet is the sun!

Arise, fair sun, and kill the envious moon...

译文：那就是东方，朱丽叶就是太阳！

起来吧，美丽的太阳！赶走那妒忌的月亮……

本例是莎士比亚名剧《罗密欧与朱丽叶》中罗密欧的一段台词，其中的 East 表示其本义"东方"。

（2）东

根据经学家许慎所著的《说文解字》，"东"是一个会意字，其具体含义是"东，动也。……从'日'在'木'中"。现代语言学家罗常培也将"东"看作会意字，其含义是"太阳升起的地方"。罗常培指出，原始社会的人们在进行方位判断时，太阳是重要的依据，即东指日出方，西指日落方。[1] 我国的很多少数民族语言都可以为这一判断提供佐证。例如，傈僳族居住在昆明近郊，他们用"日出地"表示东方，用"日落地"表示西方。再如，傈僳族居住在福贡，他们用"日出洞"表示东方，用"日落洞"表示西方。由此可见，以太阳升降为标准的东、西最早出现在原始民族的方位文化中，然后才出现了南、北的概念。

从很多古代传说中都可以找到东方与太阳之间的联系。例如，古代将太阳称为"东鸟"，古代神话传说中用"东君"来指日神，而太阳则住在东方的一棵扶桑大树上。因此，许慎根据汉族祖先对太阳的认识水平，用"从'日'在'木'中"来解释"东"的构成是十分合理的。"东方"在古人眼中是太阳升起的地方，也是为人们带来光明和温暖的地方，因而汉语文化有"东方主生"的观点。此外，由于东方主生，属阳，因而又常用东方来形容男性。

例：东方千余骑，夫婿居上头。（《乐府诗集·陌上桑》）

东方千骑从骊驹，岂不下山逢故夫。（《乐府诗集》梁·简文帝《采菊篇》）

本例用"东方千骑"来形容夫婿的显赫，所以"东方骑"的真实含义就是女

---

[1] 罗常培. 语言与文化 [M]. 北京：中国书籍出版社，2020.

子贵婿，汉语成语"东床快婿"就来源于此。

2. west 与西

（1）west

英语中的 west 表示"西、西方"。

例：Can we forge against these enemies a grand and global alliance, North and South, East and West, that can assure a more fruitful life for all mankind?Will you join in that historic effort?

译文：不管是南北方，还是东西方，我们能否结成一个全球性的伟大联盟来对付这些敌人，以确保全人类过上更美好的生活？你们愿意参与这历史性的努力吗？

本例出自时任美国总统约翰·F.肯尼迪（John F.Kennedy）的就职演讲，其中的 west 表示其本义"西方"。

（2）西

由于甲骨文中的"西"与鸟巢的形状非常相似，因此属于象形字。许慎在《说文解字》中对"西"进行了这样的解释："鸟在巢上也，象形。日在西方而鸟西（栖），故因以为东西之西。……或西从木妻。"可以看出，栖的初文乃是"西"。当太阳在西边落山时，鸟常在巢内栖息，栖息的"西"也就由此引申出了西方的含义。

日落西山还意味着黑暗与寒冷的到来，所以西方也就具有了恐怖、不祥、死亡的联想意义。在现代汉语中，"上西天"是死亡的委婉语。

例：但以刘日薄西山，气息奄奄，人命危浅，朝不虑夕。（李密《陈情表》）

以上的"日薄西山"指的就是行将死亡。

此外，日落西方则阴暗生，因此西常与阴相连。一般来说，阴具有以下两种含义：

第一，光线的阴暗，即因缺少日照而造成的阴暗。

第二，与阳相对的阴，即对矛盾统一体中阴暗现象的抽象概括。

阴阳学说在中国具有深远的影响。在阴阳二分的哲学范畴中，女性属于阴。因此，汉语常用西来形容女性。

例：云中谁寄锦书来？雁字回时，月满西楼。（李清照《一剪梅》）

楼阁玲珑五云起,其中绰约多仙子。中有一人字太真,雪肤花貌参差是。金阙西厢叩玉扃,转教小玉报双成。(白居易《长恨歌》)

上例中的"西厢""西楼"均表示女子的住处。

3. south 与南

(1) south

英语中的 south 表示"南、南方"。

例:I am no more lonely than a single mullein or dandelion in a pasture, or a bean leaf, or sorrel, or a horse-fly, or a bumblebee.I am no more lonely than the Mill Brook, or a weathercock, or the north star, or the south wind, or an April shower, or a January thaw, or the first spider in a new house.

译文:比起牧场上的一朵毛蕊花、一支蒲公英、一片豆叶、一束醉浆草、一只牛虻或大黄蜂来,我并不孤单多少;比起密尔溪、风标、北极星、南风、四月春雨、正月融雪或者新房中的第一只蜘蛛,我也并不更加孤独。

本例出自作家梭罗的《孤独》,其中的 south 表示其本义"南方"。

(2) 南

东西在四方概念中出现最早,南北次之。关于"南"的渊源,主要有两种说法:一是"南"原为乐器,后指乐曲名;二是"南"得名于"妊",取妊养万物之义。史学家班固《白虎通·五行》:"南方者,任养之方,万物怀任也。"

人们根据生活经验发现,山的南坡通常光照时间长、光线充足,因而草木的生长也较为旺盛。于是,汉语将山的南面称为"阳"。后来,人们用草木的旺盛来喻指人的富贵,因而"南"又可用来表示富贵。

例:南巷有贵人……北里有寒士……东邻有富翁……西舍有贫者……(白居易《效陶潜体诗十六首》)

4. north 与北

(1) north

英语中的 north 表示"北、北方"。

例:go back to the slums and ghettos of our northern cities, knowing that somehow this situation can and will be changed.Let us not wallow in the valley of despair.(Martin Luther King:I Have A Dream)

……回到我们北方城市中的贫民窟和黑人居住区去吧！要知道，这种情况能够而且将会改变。我们切不要在绝望的深渊里沉沦。

本例出自黑人运动领袖马丁·路德·金（Martin Luther King）的《我有一个梦想》，其中的 northern 是方位词 north 的同根词，其本义为"北方的、在北方的"。

（2）北

背的初文是"北"，写法上很像两个人背靠着背的样子，在甲骨文中属会意字。在古人看来，南面或阳面是正面，因而阴面是背面，就是北面，所以背面的"北"引申出"北面"。

由于女子为阴，北面亦为阴，因此女子与北方就经常被联系在一起。在古代建筑中，东方被分为南北两个部分。北面的部分被称为"北堂"，房门朝北，与后庭直接相通，通常是妇女生活起居的场所。

5. center 与中

（1）center

英语中的 center 表示"中间、中心"。

例：In the center of the hall, there were a number of tall structures which contained coloured lights.

展厅中央是装有彩色灯泡的许多高高的构件。

本例出自新概念英语第三册第18课《现代艺术的电流》（Electric Currents In Modern Art），其中的 center 表示"中间、中央"。

（2）中

对"中"的崇拜在中国具有很悠久的历史，前堂后室的传统建筑布局就是这一观念的集中体现。具体来说，"中堂"（也称"正堂"）位于前堂正中，"正室"位于后室正中，东房和西房分别位于正室两侧。通常情况下，正室由嫡妻居住，偏房由小妾居住，因而汉语中的"正室"或"正房"常指嫡妻，"侧室"或"偏房"常指代妾。

古代的军队划分也体现出古人的尚中思想。具体来说，军队常被分为"上中下"三军或"左中右"三军。无论采取哪种分类方法，由主将率领的中军都是三军中的中坚力量。进入现代社会后，人们在安排座次时常将中间的位置留给级别最高的人，并以此为中心在左右依次排列，这也是尚中思想的延续。

（二）英汉东风、西风文化的对比

从字面含义来看，汉语中的"东风""西风"分别对应英语中的 east wind 与 west wind，但是由于地理环境、历史文化等因素的影响，因此这些词汇的文化内涵不尽相同。

1. 英汉东风文化的对比

（1）英语中的 east wind

从地理位置来看，英国是个岛国，东隔北海，西临大西洋。每到冬季，来自北欧的"东风"与"东风北"为英国带来的是刺骨的寒冷。

例：How many winter days have I seen him, standing blue nosed in the snow and east wind.

许多冬日，我总是看见他鼻子冻得发紫，站在飞雪和寒风里。

可见，east wind 并不是一个令人欣喜的词汇，很多英国诗人都对 east wind 进行过贬斥。例如，詹姆斯·乔伊斯（James Joyce）将其称为 a keen east wind、塞缪尔·巴特勒（Samuel Butter）将其称为 biting east winds、克鲁普（Kirlup）将其描绘为 a piercing east wind。

（2）汉语中的"东风"

一般来说，汉语中的"东风"具有以下三个方面的文化内涵：

第一，温暖、生机。中国西靠高山，东临太平洋，属于大陆性气候，从东面大海吹来的东风暖意洋洋，给大地带来一片生机。

第二，春天。严冬过后，东风的到来意味着万物复苏、春回大地，因而汉语中有"东风报春"的说法。

例：盼望着，盼望着，东风来了，春天的脚步近了。（朱自清《春》）

第三，革命力量。在革命战争年代，东风常用来喻指"革命的力量或气势"。

需要特别说明的是，中国人对东风具有丰富的情感，因而东风经常出现在诗句中。

例：东风恶，欢情薄。一怀愁绪，几年离索。错，错，错！（陆游《钗头凤》）

多种族，如弟兄，千秋万岁颂东风。（郭沫若《新华颂》）

2.英汉西风文化的对比

（1）英语中的 west wind

英国人大都不喜欢 east wind，但是对 west wind 十分偏爱。春夏两季，来自大西洋的西风不仅给万物带来生机，还为欧洲大陆带来充沛的雨水，使欧洲进入温暖湿润、令人惬意的舒适季节。很多英语诗歌都表达了对西风的赞美之情。

例：Oh，wind，if winter comes，can spring be far behind?（James Shirley to the West Wind）

啊，西风，假如冬天已来临，春天还会远吗？

诗人既表达了对西风的喜爱，又借此传达出自己的坚定信念与对未来的憧憬。此外，很多文学作品中的西风也是沁人心扉的。

例：He said the pleasantest manner of spending a hot July day was... mine was rocking in a rustling green tree，with a west wind blowing，and bright，white clouds flitting rapidly above...（E.Bronte：Wuthering Heights，ch.10）

他说，消磨七月酷暑天的最惬意的办法，就是……我的理想，则是坐在沙沙作响的绿树上摇荡，西风簌簌地吹着，明亮的白云一溜烟地从头顶上掠过……（孙致礼译）

（2）汉语中的"西风"

中国西部地区多为高原、高山地貌，秋冬季节的西北风吹来时寒意渐浓，草枯叶败，万物凋零，不禁让人瑟瑟发抖，徒增伤感。因此，汉语中的"西风"多带有负面的情感色彩。

例：飒飒西风满院栽，蕊寒香冷蝶难来。（黄巢《题菊花》）

昨夜西风过园林，残菊飘零满地金。（王安石《残菊》）

昨夜西风凋碧树，独上高楼，望尽天涯路。（晏殊《鹊踏枝》）

碧云天，黄花地，西风紧，北雁南飞。晓来谁染霜林醉？总是离人泪。（王实甫《西厢记》）

西风乍紧，初罢莺啼。（曹雪芹《红楼梦》第十一回）

此外，汉语中的"西风"除表达"感伤""肃杀"之意外，还是对日趋没落的腐朽势力的象征。

（三）英汉动植物文化的对比

人类自从远古时期就开始与各种动植物进行接触，并将它们融入自己的日常生活中。随着社会的进步，很多动植物已成为民族文化的重要组成部分，具有自身的特定文化含义。

1. 英汉动物文化的对比

（1）horse 与马

在西方历史上，horse 在生产、生活、战争中都发挥着非常重要的作用。具体来说，欧洲起源于游牧民族，horse 的速度与力量成为他们争夺财富、土地的得力助手。在美国修建铁路之前的那个时期，美国西南部与全国各地的唯一邮政纽带就是小马快递（the Pony Express）。所以，horse 在英语文化中就具有了健壮、能干等积极含义。

例：horse pills 巨大的药丸；eat like a horse 胃口极大；as strong as a horse 壮如牛；work like a horse 工作像头老黄牛。

此外，英语中与 horse 相关的习语也有很多。

例：dark horse 黑马（意想不到的获胜者）

Don't put the cart before the horse.

不要将大车套在马前面。（处理问题应按先后次序，不要本末倒置。）

Don't look a gift horse in the mouth.

馈赠之马，勿看牙口。（别人送的礼物不要太挑剔）

Hair by hair you will pull out the horse's tail.

一根一根拔，拔光马尾巴。（水滴石穿）

与英语中的 horse 相类似，汉语中的"马"也多表示正面含义，具有一系列积极的象征和寓意。例如，"龙马精神"就是中华民族自古以来所崇尚的奋斗不止、自强不息、进取向上的民族精神。此外，汉语中的很多成语都与"马"有关，如"马首是瞻""招兵买马""马到成功""金戈铁马"等。

值得注意的是，一些与 horse 相关的表达方式从字面上看与其汉语意思相对应，但其真实含义大相径庭。

例：After she has dumped him for cheating on her, he said he would not do it again.He wanted to lock the barn door after the horse was stolen.

译文：在她发现他不忠之后，甩掉了他，他说他不会再犯。他想要做些补偿，不过伤害已经造成，不可挽回了。

本例含有"Lock the barn door after the horse is stolen"这一习语，其深层含义是"贼去关门，为时已晚"。尽管从字面上看与汉语中的"亡羊补牢"相似，但其实际意义相去甚远。

（2）cat与猫

英语国家的人们对cat十分宠爱。但当cat出现在俚语中时，经常喻指"尖酸刻薄、令人讨厌的女人"。

例："...Scarlett, you remember how he ran after you last Christmas..."

"Don't be a cat, miss," said her mother. (M.Mitchell: Gowe With the Wind, ch.5)

"……斯佳丽，你还记得去年圣诞节他是怎样追你的……""别当长舌妇，小姐。"她母亲说道。（根据傅东华等人的译著《飘》改译）

与其他动物相比，cat具有很多独特的习性，如从高处坠落时很少受伤、爱追逐打闹、爱捉弄老鼠等。于是，英语中出现了很多与cat相关的习语。

例：to have more lives than a cat 比猫更富有生命力；to lead a cat-and-dog life 夫妻间、兄弟间、同事间经常争吵；to have/play cat and mouse 欲擒故纵；rain cats and dogs 倾盆大雨；whip the cat 爱财如命、一毛不拔；let the cat out of the bag 说漏了嘴、泄露了秘密；like a cat on hot bricks 非常着急，如热锅上的蚂蚁，如坐针毡。

在汉语文化中，猫作为十分常见的家养动物，常用来喻指温顺、可爱的形象。例如，"馋猫"表示"贪吃嘴馋的人"，且是一种带有亲昵色彩的说法。此外，中国人将捕鼠视为猫的天职，所以汉语中出现了很多与此相关的成语，如"猫鼠同处""猫鼠同眠"常喻指官吏失职、包庇下属干坏事或者上下级官员狼狈为奸。

例："胡说！我就不识时务吗？若是上和下睦，叫我与他们猫鼠同眠吗？"（曹雪芹《红楼梦》第九十九回）

Rubbish protested Chia Cheng, "Are you implying that I lack sense?As for pleasing both superiors and inferiors, do you want me to convice with rogues—to be a cat sleeping with rats?" (Yang Hsien-Yi and Gladys Yang, 1980)

（3）crocodile 与鳄鱼

西方人眼中的 crocodile 是一种凶残、狡诈的动物，它在捕食对象面前常通过流泪来麻痹对方，然后趁对方没有防备时将其吞噬。实际上，crocodile 流泪并不是出于伤心或悔恨，而是一种正常的生理反应，即排出盐分。因此，英语中的"the crocodile tears"（鳄鱼的眼泪）通常喻指"假慈悲、假仁假义"。

例：He wept a few crocodile tears over his wife's death and then got married again at once.

他假惺惺地为妻子的死掉了几滴眼泪，然后很快又结婚了。

汉语里的鳄鱼并没有特殊的文化含义，"鳄鱼的眼泪"与汉语中的"猫哭耗子，假慈悲"具有异曲同工之妙。随着文化的交流，"鳄鱼的眼泪"说法也逐渐被中国人所接受。

2. 英汉植物文化的对比

（1）rose 与玫瑰

英语中的 rose 漂亮、鲜艳、花色丰富、香气诱人，具有丰富的文化内涵，主要涉及以下几个方面：

第一，爱情。恋人用红玫瑰示爱，表达热烈的爱情。

例：Oh, my lover just like a red, red rose.

That's newly sprung in June.（Robert Burns：A Red, Red Rose）

呵，我的爱人像朵红红的玫瑰，六月里迎风初开。（王佐良译）

第二，保守秘密。古罗马神话中的玫瑰是沉默之神哈波奎特斯（Harpocrates）的持有物。所以，英语常用 under the rose 来表示"私下里"。

例：Do what you like under the rose, but don't give a sign of what you're about.

暗中怎样干都行，只是不要露出一点儿形迹。

第三，文学作品中出现的 rose 常用来喻指姑娘的"美貌"。

例：Fair ladies masks are roses in their bud;

Dismasked, their damask-sweet commixture shown,

Are angles vailing clouds, or roses blown.

美丽的姑娘戴上面具，像是玫瑰花苞；摘下面具，露出娇艳的颜色，像拨开云雾的天使，盛开的玫瑰花朵。（梁实秋译）

第四，英语中的 rose 还泛指一切美好的事物。

例：all moonlight and roses 美满，a bed of rose 欢乐安逸的生活，to see things through rose-coloured spectacles 过于乐观地看待事物。

相比较而言，玫瑰在汉语文化中并无特殊含义。但是，随着文化交流的不断深入，玫瑰在汉语中也具有了爱情的象征意义。此外，一些汉语文学作品还用玫瑰来比喻美丽的少女。

例：玫瑰花又红又香，无人不爱的，只是刺戳手。（曹雪芹《红楼梦》）

在本例中，曹雪芹用玫瑰来形容探春。

（2）chrysanthemum 与菊花

英语中的 chrysanthemum 没有特殊内涵，只是一种普通的花。但是，汉语中的菊花具有多种含义。

第一，帝王风范。在中国传统文化中，黄色是尊贵、正统的象征，通常为帝王所专用。由于菊花蓬勃向天，花朵上悬，且大多为黄色，因此就成为帝王的标志。

例：百花发时我不发，我若发时都吓杀。要与西风战一场，遍身穿就黄金甲。（朱元璋《菊花诗》）

在本例中，作者借菊花将自己的王者之志充分表达了出来。

第二，淡泊、雅致。菊花通常于秋末开放。此时，暑热已退，寒意渐浓，众花开罢，菊花蕊寒香冷，清香飘逸，凌霜怒放，在寂寞与寒冷中诉说着坚定的信仰。因此，菊花便被赋予了坚贞不屈的风骨，成了君子美德的象征。

例：寒花开已尽，菊蕊独盈枝。（杜甫《云安九日》）

耐寒唯有东篱菊，金粟初开晓更清。（白居易《咏菊》）

第三，长寿。汉语文化常将农历"九月"称为"菊月"，这是因为菊花通常在重阳节（农历九月初九）时开放，而人们的节日活动也常与菊花有关，如饮菊花酒、登高赏菊。因此，菊花就具有了延年益寿的文化内涵。

（3）willow 与柳树

英语中的 willow，因枝条低垂而被称为 weeping willow（垂柳）。因为 weeping 的意思是"哭泣"，所以 weeping willow 又被称为"哭柳"。因此，willow 就成为死亡与哀悼的代名词。

例：There is a willow grows aslant a brook, That shows his hoar leaves in the glassy stream... There, on the pendent boughs her coronet weeds Clambering to hang, an envious silver broke; When down her weedy trophies and herself fell in the weeping brook.

在小溪之旁，斜生着一株杨柳，它的毵毵的枝叶倒映在明镜一样的水流之中……她爬上一根横垂的树枝，想要把她的花冠挂在上面，就在这时候，树枝折断了，连人带花一起落下呜咽的溪水里。（朱生豪译）

此外，英语中的 to wear the willow the green willow 等与 willow 相关的短语多表达失恋、哀伤等含义。

例：You are quiet wrong...in supposing that I have any call to wear the willow...Miss Windson...never has been to me more than a bubble.

如果你以为我会因失恋而伤心……那你就大错特错了……温莎小姐……对我来说，从来就是无足轻重的。

柳树虽然是一个普通的树种，但在汉语文化中具有丰富的内涵，主要体现在以下三个方面：

第一，挽留。在交通不发达的古代，人们送别亲人时为表达不舍之情，常折柳枝相赠，这是因为"柳"与"留"谐音，所以柳树具有"挽留"之意。

例：今宵酒醒何处？杨柳岸，晓风残月。此去经年，应是良辰好景虚设。便纵有千种风情，更与何人说。（柳永《雨霖铃》）

在本例中，作者通过对杨柳的描写抒发了自己的离别情绪，为读者描绘了一个伤感的意境。

第二，春天。人们根据生活经验得知，柳树发芽就意味着春天的到来。因此，汉语常用"杨柳"来比喻春天的来临和春光的明媚，如"桃红柳绿""柳花狂，桃花醉"。这一含义也出现在很多诗歌中。

例：春风杨柳万千条，六亿神州尽舜尧。（毛泽东《七律二首·送瘟神》）

本例既对昂扬的春意进行了描写，也对人民意气风发的精神进行了颂扬。

第三，女子的婀娜。柳树具有叶子细长、枝条低垂的外形特征，给人一种风姿绰约的印象，因而汉语常用柳树来描写年轻女子的姣好面容与轻盈体态。

例：芙蓉如面柳如眉，对此如何不垂泪。春风桃李花开日，秋雨梧桐叶落时。（白居易《长恨歌》）

二、色彩文化对比下的英汉翻译

色彩文化是人类社会文化的一个重要组成部分。世界上存在五彩缤纷的色彩，人类用不同的语言来描述多彩的颜色，并赋予了色彩特定的含义。就英汉语言而言，尽管表示色彩的词汇在两种语言中存在一些共性，但是由于中西方在生活习惯、地理环境、民族心理、宗教信仰等方面存在诸多差异，因此色彩在英汉两种语言中的内在含义也有很多不同之处。对英汉色彩进行对比分析，有利于更好地进行色彩文化的翻译。

（一）英汉色彩文化的对比

英汉色彩文化虽然具有一些共性，但更多的是差异。这里主要从英汉色彩词的构成、基本色彩词的特点以及文化内涵等方面进行对比分析。

1. 英汉色彩词的构成对比

（1）英语色彩词的构成

英语中的色彩词主要包括两大类：简单色彩词与合成色彩词。

英语中常见的简单色彩词主要包括如下几种：

①基本色彩词

如 white、black、red、yellow、blue、green、purple、pink、gray、orange。

②源于动物、植物的色彩词

如 peacock（孔雀）可以用来表示孔雀蓝、深蓝，dove（鸽子）可以用来表示鸽灰、浅灰。

③源于植物的色彩词

如 lemon（柠檬）可以用来指柠檬色、浅黄色，olive（橄榄）可以用来表示橄榄色、黄绿色。

④源于矿物的色彩词

如 lead（铅）可以用来表示铅灰、青灰色，copper（铜）可以用来表示铜色、深橙色。

⑤源于珠宝的色彩词

如 ruby（红宝石）可以用来表示宝石红色、深红色，emerald（绿宝石）可以用来表示翡翠绿、鲜绿。

⑥源于食物的色彩词

如 chocolate（巧克力）可以用来表达巧克力色、褐色，butter（黄油）可以用来表达淡黄色。

⑦源于自然现象的色彩词

如 sunset（日落）可以用来表示晚霞色、红色，flame（火焰）可以用来表示火红、鲜红。

英语中还有很多色彩词是合成的。合成色彩词的构成方式主要有以下情况：

由动植物名、地名、人名等加上基本色彩词构成的色彩词。

如 lobster red 龙虾红、olive gray 橄榄灰、argyle purple 阿盖尔紫、berlin white 柏林白。

由形容词加上基本色彩词、化学物质名、植物色彩词等构成的色彩词。

如 tender green 嫩绿、deep cobalt 深蓝色、light chestnut 浅栗色。

由基本色彩词加上基本色彩词、形容词、名词等构成的色彩词。

如 yellow green 黄绿色、orange pale 苍白色、red wood 红棕色。

（2）汉语色彩词的构成

在汉语中，色彩词主要包括独立构成的色彩词与由词根色彩词加上修饰成分而构成的复合色彩词两类。

①独立构成的色彩词

独立构成的色彩词前面可以添加定语，从而变为另一色彩词，这种色彩词被称为词根色彩词。基本色彩词是词根色彩词的一个组成部分。

②由词根色彩词加上修饰成分而构成的复合色彩词

在汉语中，很多色彩词以基本色彩词为词根，构成以其为核心的多种色彩词。

2. 英汉基本色彩词的特点对比

（1）英语基本色彩词的特点

英语中的基本色彩词体现出以下两个特点：

第一，在句子中，基本色彩词可以通过不同的词性呈现出来。

第二，基本色彩词可以借助语言辅助手段来使表达需求得以满足。

英语中的基本色彩词很多都具有名词与形容词的词性，还有一些色彩词具有动词与副词的词性。英语中的基本色彩词虽然数量比较少，但是表现力较强，使用率高。

（2）汉语基本色彩词的特点

汉语基本色彩词的特点主要有以下几个方面：

第一，基本色彩词具有多词性的特点，可以兼作名词、形容词、动词。

第二，基本色彩词除了可以单独使用，还可以和"色"字组合为一个复合词，用以描述颜色，如可以说蓝的，也可以说蓝色的。

第三，基本色彩词可以通过相互叠加构成新的色彩词，如黑绿色、紫红色。

第四，基本色彩词可以形成 ABB 形式，用来对颜色进行形容，如白花花、黄灿灿、亮晶晶。

第五，基本色彩词具有"A 不 XY（X）"非重叠式的生动形式，其通常在含有贬义的表达中使用，如红不棱登、白不呲咧。

3. 英汉色彩词的文化内涵对比

英汉两种语言中都拥有丰富的色彩词，这里主要对英汉一些常见色彩词的文化内涵进行对比。

（1）白色

①英语中的 white

在英语文化中，白色象征着纯洁、真实、善意。关于白色，剑桥国际英语词典解释为："对于许多西方人来说，白色被视为纯洁和善良的象征。"例如，在西方，新娘在婚礼上穿白色礼服，象征爱情的纯洁与婚姻的贞洁。

英语中的 white 的引申义通常表示清白、正直等。

例：a white man 忠实可靠的人、a white spirit 正直的精神、white light 公正无私的裁判。

英语中的 white 还象征着快乐、欢悦和吉利。

例：a white day（吉日）、a white Christmas（欢快的圣诞节）。

其中，圣诞节是西方国家的重要节日，西方人喜欢滑雪、滑冰等户外运动，圣诞节正是冬季滑雪的好时候。因此，西方人将圣诞节称为 white Christmas。

此外，在英语中，white 还象征着幸运、善意。

例：days marked with a white stone 幸福的日子。

值得一提的是，随着跨文化交际日益频繁，英汉两种文化也在不断地相互渗透，在汉语中白色的象征意义也发生了些许改变，也可以被理解为纯洁与忠贞。因此，现在中国人在举行婚礼时，新娘也常常选择穿白色婚纱。

②汉语中的白色

在中国文化中，白色这一颜色的文化含义相差较大，甚至互为矛盾。在中国传统文化中，白色常与死亡、丧事联系在一起。汉语中的常用表达"红白喜事"中的"白"指的就是丧事。在普通百姓家中，有人去世时，其家人会穿白衣为其送终，表示哀悼。

白色在中国文化中还代表圣洁、坦诚、清澈、白昼，如真相大白、清白、白天等。1906年，以孙中山为首的同盟会将旗帜定为红、蓝、白三色横条。其中，白色就象征着圣洁和博爱。

同时，在汉语中，白色也有负面的含义。白色可以用来表示反动、奸诈、凶残等含义。汉语中诸如一穷二白、白色政权、白色恐怖、白区都指的是这层意思。在中国传统戏剧的舞台上，白色脸谱的人物则代表了奸诈的形象。

汉语中的白色还可以表示愚蠢、失败、无利可得。例如，"举白旗"表示投降，"白忙""白费力""白干"指出力而得不到好处或没有效果。

汉语中的白色不仅具有褒义和贬义含义，还有中性意义，表示"明白、清楚"。例如，"不白之冤"是指难以洗雪、无法破解的冤情，"大白于天下"意为找到事实真相并公之于众。

（2）黑色

①英语中的 black

在西方文化中，黑色（black）象征庄重、严肃。英国人在参加葬礼时习惯穿黑色服装。西方人，尤其是商界巨贾、达官显贵、社会名流等上流社会阶级的人士喜欢穿着黑色的服饰以彰显其尊贵、庄重。例如，英语中就有 black suit（黑色西装）、black dress（黑色礼服）等词语。

英语中 black 一词的引申意义多含贬义。

例：Black market 黑市、Black sheep 害群之马、Black Hand 黑手党。

此外，在英语中，black 还可以表示气愤、愤怒。

例：Black look 恶狠狠地看一眼、Black in the face 气得脸色发紫、Be black with anger 怒气冲冲。

需要提及的是，在英语中，并非所有与 black 相关的词都具有阴沉的含义，如 business in the black 是指一个盈利的企业。

②汉语中的黑色

在传统的中国文化中，黑色是象征尊贵与庄重的颜色，春秋时期官员上朝均穿黑色的朝服。由于战国时期军士穿的衣服也为黑色，因此常用"黑衣"来指代军士。如今，在中国戏剧中，包拯、李逵、张飞等人物的脸谱色彩皆为黑色或以黑色为主色调，是刚正不阿、憨厚忠实的形象。

此外，中国的黑色陶瓷、黑色漆器以及水墨画的发展较早，在人们的日常生活占据重要的地位。

在中国现代社会中，黑色多含有贬义，在汉语中以黑为主题所构成的词汇中，多为贬义词，如黑心、黑店、黑名单等。

（3）红色

①英语中的 red

英语中的 red 与汉语中的红色有着局部相似的文化内涵，即都表示荣誉、尊贵和喜庆。

例：Roll out red for sb 隆重欢迎某人；red-letter days 纪念日，喜庆的日子。

在英国人看来，红色还象征着为信仰与博爱献身。

在英语中，红色还可以表示激进、暴力革命的意思。

例：red hot political campaign 激烈的政治运动。

由于人们习惯用红笔来登记负数，因此英语中的红色也可以指"负债""亏损"。

例：In the red 亏损、Red balance 赤字差额。

此外，在西方文化中，red 具有"邪恶的美""诱惑"等隐喻意义。

例：A red light district 花街柳巷，Paint the town red 花天酒地地玩乐、出没于娱乐场所。

②汉语中的红色

在中国传统文化中，红色是一种象征喜庆、吉祥、富贵的颜色。中国人在结婚时喜欢用红色作为主色调，大红的双喜是婚庆所使用的一个标志性词语与色彩。在欢度喜庆佳节时，中国人也习惯以红色为基调的装饰物，如红灯笼、红窗花、红对联等。

因此，在汉语中，以红字为主构成的词语多是褒义，如"走红运"表示走好运、"开门红"表示工作一开始就取得了不错的成绩、"大红人"指的是备受器重之人、"分红"指分到合伙经营利润、"发红包"指给人发奖金。

在汉语文学作品中，"红"常用来指年轻的女性，如"红颜"指少女，"红妆"指女子盛装。

（4）黄色

①英语中的 yellow

在英语中，yellow 可以表示怯懦、卑鄙的含义。

例：Yellow dog 卑鄙的人；Turn yellow 胆怯起来。

除了表示胆怯这一层含义，英语中的 yellow 还可以用来作为事物的特定颜色。如在美国，有一些城市出租车的颜色是黄色，因此出租车上并不标 taxi，而是用 yellow 来代替。

在英语中，the Yellow Pages（Book）指的是电话簿。

②汉语中的黄色

在中国历史上，黄色是一种代表神圣、正统的颜色。这主要是因为中华民族发源于黄河流域，始祖为"黄帝"，用"黄"字应该是表示与黄土地之间的紧密联系。随着历史的演变，黄色逐渐成为帝王的专用颜色。因此，在中国传统语言中，与"黄"有关的词语多表达皇家专用的意思，如"黄袍""黄榜"等。进入 20 世纪，黄色不再作为皇家专用的色彩。

在中国，黄色还含有医道的含义，中医界现存最古老的医书《黄帝内经》是一部黄帝与其他先贤对医学进行探讨的书籍。因此，人们常用"黄术"来指代医术。此外，由于东汉道教对黄老之术非常推崇，因此，道家所穿衣冠都是黄色的。

在中国传统文化中，"黄"象征吉利、好，如"黄道吉日"等。有时，黄也可以表示失败、落空，如"黄粱美梦"等。

汉语中的黄色还可用来指幼儿，如"黄童白叟"，这是由于婴儿的头发是细细的黄毛；黄色也常用来讥诮未经世事、稚嫩无知的年轻人，如"黄口小儿""黄毛丫头"等。在现代汉语中，有时黄色还是低级趣味的象征。

（5）蓝色

①英语中的 blue

与汉语中的蓝色不同，英语中的蓝色具有十分丰富的内涵意义。在英国文学史上，很多诗人都喜欢借助蓝色来咏天颂海，如 "The sea!The sea!The open sea!The blue, the fresh, the ever free! Without a mark, without abound, It runneth the earth's wide region sround! It plays with the clouds; it mocks the skies; Or like a cradled creature lies"。（大海啊大海，漫无边际的大海！湛蓝，清新，永远自由自在！没有疆界，没有标记，绕着辽阔的大地铺排；嘲笑天空，戏弄浮云，有如躺在摇篮中的婴孩）。

英语中的 blue 具有高贵之意，如 the blue blood 的意思是贵族出身、名门望族。

英语中的 blue 还可以象征法规的尊严。

例：Blue laws 严格的法规、Blue nose 严守教规的卫道士。

在英语中，blue 还被视为当选者与领导者的标志，是追求美好事业或前景的象征。因此，英国历史上的辉格党、现在的保守党等的标志都是深蓝色或浅蓝色。

英语中的 blue 还含有突然、迅速的含义。

例：Blue streak 一闪即逝的东西、Have the blue 晴天霹雳、Out of the blue 突爆冷门。

在英语中，蓝色还可以用来表示忧伤。

例：Look blue 神色沮丧、Cry the blues 情绪低落、In the blues 无精打采。

②汉语中的蓝色

由于天空和大海的颜色均为蓝色，因此蓝色给人一种恬静、平和之感。在汉语中，蓝色通常用于描述颜色本身，如白居易《忆江南》中的"日出江花红胜火，春来江水绿如蓝"。

汉语中常用蓝色来表示事物基本的框架，如蓝图（感光后变为蓝色的感光纸制成的图纸或建设计划）、蓝本（主要原始材料或著作所依据的底本）。

此外，汉语中的蓝色还象征着希望、稳定、沉着、勇敢和素净。例如，传统戏曲中的蓝色脸谱表示坚毅和勇敢。

（6）绿色

①英语中的 green

在英语中，green 可以用来表示植物的生命色，有新鲜、青春、活力的象征。

例：Green recollection 记忆犹新、In the greenwood 在青春洋溢的时代。

由于绿色在植物生长的初期过程中呈浅绿色或青绿色，因此英语中的绿色还可以用来指新手、没有经验。

例：Green hand 新手、A green man 新来的水手、Green from school 刚出校门的年轻人。

英语中的绿色还可以用来表示情感"嫉妒"。

例：be green with envy 十分嫉妒、green-eyed monster 非常嫉妒。

此外，由于美元是绿色的，因此美语中的 green 成了钱的代名词。美语中通常使用 green 或 green backs 来表示钱。俚语中纸币的表达也有 folding green 或 long green。

需要提及的是，green food 也成为西方人常用的词语，与汉语中的"绿色食品"具有相同的时代特色与人文意义。

②汉语中的绿色

在汉语中，绿色是万物生长的象征，是大自然中非常受人欢迎的一种颜色。因此，中国古代诗人多用绿色来描绘大自然的美景。例如，宋代诗人王安石的《泊船瓜洲》"春风又绿江南岸"用于歌颂春天。

在古代，人们由绿色象征的蓬勃生命力而联想到青春韶华，在描写年轻漂亮的女子时常用绿色，如绿窗（指代闺阁）、红男绿女等。

由于绿色是草木之色，因此中国人通常用绿色来表达一些与之相关的事。例如，绿色工程指的是一些植树造林工程。由于绿色非常醒目，因此在交通信号灯中，绿灯是放行的信号。此外，人们将那些对健康有利的食品称为"绿色食品"。

（二）英汉色彩文化的翻译

根据上述对英汉色彩文化的对比分析可知，色彩词在英汉语言中被赋予了不同的文化内涵，具有丰富的社会意义。在色彩文化的翻译过程中，译者可以采用以下几种翻译方法：直译法、改写法、解释性翻译法。

1. 直译法

在对英汉色彩文化进行翻译的过程中，当色彩词表示基本的直观含义时，则通常采取直译法进行处理。

2. 改写法

译者采用改写法翻译色彩词时主要有以下三种情况：替换色彩词、省略色彩词、增加色彩词。下面逐一进行分析。

（1）替换色彩词

英汉两种语言中有一些色彩词，其感知的色彩印象存在一定的差异。源语与目的语都有其自身的表达方式，文化差异十分明显。译者在对这类色彩词进行翻译时，应了解其基本含义，在此基础上，结合文化内涵，采用转译法进行翻译处理，即根据译入语的表达习惯改换颜色词进行翻译。

例：black tea 红茶

由于茶叶是黑色的，因此西方人称为 black tea，但是茶色为红色，所以应采取转译法，将 black tea 译为"红茶"。

类似的例子还有很多。

例：brown bread 黑面包；brown sugar 红糖；green-eyed 眼红；black and blue 青一块，紫一块；red sky 彩霞；black bamboo 紫竹；red copper 紫铜；one's face turns green 脸色变白；turn purple with rage 气得脸色发青。

（2）省略色彩词

在一些固定的搭配词组中，很多表示色彩的词不再含有色彩的意义。译者在翻译时，也应采取转译法，将原文的色彩词省略不译。

例：A white elephant 耗费巨大却无实用价值的东西；Sing the blues 悲观、抱怨；Green as grass（as）初出茅庐的、容易受骗的；Green power 有钱能使鬼推磨；Black sheep 害群之马，败家子。

满堂红 all round victory/success in every field；红娘 go between。

请看以下例句：

She is green with jealousy.

她醋意大发。

I dislike John, for he is a yellow dog.

我讨厌约翰，他是个卑鄙小人。

We must serve the people with utter devotion.

我们必须赤胆忠心为人民。

The martyrs didn't shed their blood in vain.

烈士们的鲜血没有白流。

此外，英汉中的色彩词还可以用来描述人的情感或精神外貌，但是从使用的深度和广度上来看，前者胜于后者。汉语中可以用于该目的的通常有红色、黑色、黄色、白色、紫色，而英语中除 orange 之外，其他色彩词都可以用于这一目的。在翻译这类色彩词时，也应采取转译法。

（3）增加色彩词

在翻译过程中，如果源语中所表达的隐喻意义或象征意义难以在目标语中找到相对应的表达，译者可以采用增词法将作者的思想准确地传达出来。

3. 解释性翻译法

译者在翻译一些具有文化内涵的色彩词时，可以采取解释性翻译法，使译入语读者更好地理解其文化背景。

例：Black Tuesday 黑色星期二 [1987 年 10 月 19 日（星期二）华尔街股市崩溃]

总体而言，在对英汉色彩文化进行翻译时，译者在考虑文化共性的相应性同时，更重要的是注意文化个性的冲突。在对色彩词进行准确理解的前提下，将文化内涵、文本类型、文体风格等因素予以考虑，同时注意源语色彩词的基本意义及其文化引申义，选择合适的翻译方法进行翻译，从而提高翻译的效率。

三、数字文化对比下的英汉翻译

（一）直译法

在英汉数字文化翻译中，直译法是较简单、较省力的方法。

例：A drop in a ocean 沧海一粟

Reach the sky in one step 一步登天

One day apart seems three autumns passed. 一日不见，如隔三秋。

A fall into the pit, again in your wit. 吃一堑，长一智。

It takes ten years to grow trees, but a hundred years to rear people. 十年树木，百年树人。

seven-mouths and eight tongues 七嘴八舌

A fence needs the support of three stakes, and an able fellow needs the help of three other people. 一个篱笆三个桩，一个好汉三个帮。

（二）改写法

无论是在英语中还是在汉语中，都有一些数字具有特定的文化背景或特定的语言表达习惯，译者在翻译这类数字时，可以采取改写法，使译入语读者更好地理解原文所表达的意义。译者在翻译英汉数字时，改写法主要包括如下三种情况：替换数字、省略数字、增加数字。下面分别予以介绍。

1. 替换数字

由于存在文化差异，因此英汉两种语言中的数字表达并不完全对应，这时可以根据具体情况转换原文的数字来进行翻译。

例：Think twice 三思后行

In threes and fours 三三两两

Even I have nine lives I never dare of fend him. 即使我有八个头也不敢去惹他。

It used to be a well-run business, but then disagreements arose between the partners, and now things are at sixes and sevens. 原来本是个运行良好的企业，后来合伙人内部发生了分歧，现在情况搞得乱七八糟。

2. 省略数字

有时，在对英汉数字进行翻译时，可以采取省略法，即原文中的一些数字省略不翻译，以符合目的语的语言表达习惯。

例：She is asecond Lei Feng. 她是雷锋式的人物。

A small man, a big mind. 小个子，大才智。

The children were in the seventh heaven with their new toys. 孩子们有了新玩具都高兴极了。

Across the street on the side of a house was painted a giant woman with a five-foots mile and long blond hair, holding out a giant bottle. 街对面一所房子的墙上画

着一个高大的女人，身高约 1.5 米，留着一头金色的长发，手里举着一个大瓶子。

read rapidly 一目十行

musical box 八音盒

splay foot 八字脚

an arrow escape from death 九死一生

big and tall 五大三粗

3. 增加数字

在翻译过程中，有时可以在译文中增加一些数字，从而使译文表达更为形象、生动。

（三）解释性翻译法

解释性翻译法多用于翻译英汉数字习语。具体而言，译者在翻译英汉数字习语时，应先将字面意义翻译出来，然后添加注释予以说明，从而使原文的比喻形象得以保留，同时忠实地再现原文的含义。

综上所述，数字不仅用于计数，还蕴含着丰富的文化信息，形成了特有的数字文化现象。在英汉数字文化翻译时，译者对英汉语言与文化的了解与把握是准确传达数字含义的前提。

第三节　跨文化与英汉文化翻译

一、人名与习语文化及其翻译

（一）人名文化与翻译

人名在语言学上统称为专名，即专有名称，指某一事物（如人、地方、机关、团体等）特定的名称。姓名是每位社会成员都有的特定指称。作为一种符号，它代表个人及其家族，具有识别社会成员的作用。姓名在中国和西方国家都有重要的作用，它不仅能够识别社会成员，还是人类文化中不可或缺的一部分。

1. 姓氏的文化意蕴与翻译

到目前为止，中国和西方国家使用的姓有多少并没有精确的统计数字。2022年出版的《中国姓氏纪编》收录姓氏5730个，其中单姓3470个，双字复姓2085个，三字复姓163个，四字复姓9个，五字复姓3个。[①] 然而，与西方姓氏的数量相比，中国姓氏的数量是小巫见大巫。据不完全统计，法国有25万个姓氏，英美国家大约有3.5万个姓氏。[②]

中西方人名的共同特征是名字和姓氏，但在排列顺序上，中国汉族人名的"姓前名后"更为常见，如白居易、王安石、雷锋等，而东方国家的"姓前名后"则更为突出，如朝鲜、越南、泰国、日本等，其人名结构也更加复杂。西方印欧语系的大多数国家和民族人名结构的排序原则则是"名前姓后"。比如，Karl Marx（卡尔·马克思），Karl是名，Marx是姓；Lewis Henry Morgan（刘易斯·亨利·摩根），Lewis是名，Henry是中间名，Morgan是姓。

经研究，导致中西方姓名结构顺序差异的原因主要有以下两个方面：

首先，从姓名的形成历史来看，中西方人的姓与名产生的时间先后不同。在中国，姓氏的功能是"续血统、别婚姻"。"姓"字从女，可见姓制度产生于母系氏族社会。姓制度在上古时期以女子为中心，即子女从母姓。现在我们见到的许多古姓，如姬、姜、妊、姒、姚、妫等都是女字旁。这充分说明了我们的祖先为了"续血统，别婚姻"，早在母系氏族时代就使用了姓。然而，中国人的"名"产生较晚，夏、商时期才开始使用，如甲骨文和金文中所记太丁、阳甲、盘庚、帝乙等皆是。因此，中国人姓名的演变经历了"先有姓，后有名"的历史过程，反映到姓名的排列顺序上便形成了"姓前名后"的结构。在西方，名的产生比姓早得多。英、法、德、意、葡、西、俄，以及其他欧洲大多数国家在很长的历史时期都只有名而无姓。姓到中世纪后期才开始出现。英国人从11世纪开始在贵族中使用姓，而全国普遍使用姓是在文艺复兴时期以后；法国人和德国人使用姓是从13世纪开始的；俄罗斯人的姓在16世纪才出现。西方这种"名早姓晚"的特点反映到姓名的排列顺序上便是"名前姓后"。

[①] 李燕，罗日明. 中华姓氏文化[M]. 北京：应急管理出版社，2022.
[②] 刘晓艳. 从欧美姓氏起源角度探析包含前缀人名的著录问题[J]. 学报编辑论丛，2020（0）：315−318.

其次，中西方人的价值观念不同。古代中国是一个宗法社会，先民形成了很强的宗族观念。中国传统文化认为，姓是宗族和血缘关系的象征，而名则是个人的标志。在中国，宗族的传承比一切都重要，因此"姓在前，名在后"就是对"重群体，轻个体"的一种体现，强调了宗族的重要性，并将姓作为一种象征，以此来表达对家族的尊重和敬意。然而，西方人并不像中国人重视集体文化，西方人更加重视个人独立性，强调个人的价值。因此，西方人认为代表个人的名字应该放在首位，而代表集体的姓氏则应该放在其后。

2. 取名的文化意蕴与翻译

中国人取名的基本原则是形美、音美和义美。形美，即选择字形匀称、笔画繁简适度的字，太简则可能被认为家庭文化程度低，太繁则不易辨认和书写，给日后交际带来一定困难；音美和义美是取名的两个重要方面，前者指的是选择发音响亮清晰、易于上口的字，如"强、昌、良、华"和"红、兰、芳、花"等，而后者则指的是选择内涵丰富、寓意高雅、吉祥如意的字，如"发、祥、嘉、财、玉、宝"等。取名者的审美观念和时代风尚的变迁，使得选字的标准也会发生变化，有些人喜欢用冷僻的古字，以显示所选名字的高雅独特或超凡脱俗、与众不同，而有些人则喜欢用通俗的字，以表达喜爱亲昵之情，以此来体现取名者的审美观念和时代风尚的变迁。

英美人的取名方式有以下几种：

以宗教取名：常见的英语人名，如 Diana（黛安娜，为"月亮女神"）、Athena（雅典娜，为"智慧女神"）、Eliot（艾略特，为"神的礼物"）、Helen（海伦，为"美丽女神"）等。

以标志勇敢或出人头地思想的事物取名，如 Boris（鲍里斯，为"勇士"）、William（威廉，为"强大的捍卫者"）、Richard（理查德，为"强有力的统治者"）、Harold（哈罗德，为"统帅"）、Abraham（亚伯拉罕，为"万民之父"）等。

以职业取名，如 Mason（梅森，为"石匠"）、Durward（德沃德，为"守门人"）、Penelope（佩内洛普，为"织女"）等。

此外，英美人还有以外貌特征、动植物名称、货币等取名的方式。

（二）英汉习语文化对比

1. 英汉习语结构形式对比

从结构形式方面来看，英汉习语存在诸多不同。

（1）英语习语的结构形式

英语习语结构形式的灵活性特点比较明显，可松可紧，可长可短。

例：What one loses on the swings one gets back on the roundabouts.

失之东隅，收之桑榆。

例：Hair by hair you will pull out the horse's tail.

矢志不移，定能成功。

例：One boy is a boy，two boys half a boy，three boys no boy.

一个和尚有水吃，两个和尚挑水吃，三个和尚没水吃。

（2）汉语习语的结构形式

汉语习语通常具有简洁的语法和紧凑的结构，通常是由一些单独的词语组成的。它们的字数通常为两到三个，但也有一些更长的对称语言，比如"踏破铁鞋无觅处，得来全不费工夫""螳螂捕蝉，黄雀在后"。

2. 英汉习语对应程度对比

总的来说，英汉习语之间的对应关系可以分为对应性、半对应性和非对应性的情况。

（1）英汉习语的对应性

尽管中国和以英语为母语的国家在思维模式、生活方式、认知能力等方面有很大的不同，但是它们依靠的外部环境，如地理位置、季节变换、气候变化等，仍然有许多相似之处。语言的差异导致了人们对事物的理解不同。例如汉语和英语都有类似的习语。汉语的习语通常包含字面意义、比喻和象征意义，而英语的习语则更多地包含这些含义。这种语言差异使得人们很容易理解两种语言之间的差异，并将它们用于表达自己的想法。"相互对应的习语"是一系列用于描述日常生活的习语。

例：pour oil on the flame 火上浇油

be on thin ice 如坐针毡

throw cold water on 泼冷水

draw cake to satisfy one's hunger 画饼充饥

A beggar's purse is bottomless. 乞丐的钱袋是无底洞。

Bird is known by its note and a man by his talk. 闻其歌知其鸟，听其言知其人。

Think with the wise, but talk with the vulgar. 同智者一起考虑，与俗人一起交谈。

A burden of one's choice is not felt. 爱挑的担子不嫌重。

（2）英汉习语的半对应性

英汉两种语言都源自不同的语系，并且都是不同民族的母语。人们在不同的环境中生活，他们对外部世界的看法也可能不同。语言是人类思维的一种具体表达，反映了人们对外部世界的认知。因此，习语可能会有所不同。

习语是文化的重要组成部分，在历史的长河中不断演变和发展。英语和汉语的习语都是经过长期社会实践而形成的短语和短句，代表着文化的精髓。因此，在使用习语时，我们应该注意它的文化内涵。

习语是一种独特的语言，与本民族文化有着深厚的联系。它们不仅反映了社会、历史、心理和民俗，还包含字面上的含义。为了更好地理解习语，我们需要将它们转换成更具体的表达方式，并使用恰当的词汇来表达它们的含义。"半对应的习语"是一系列与日常生活中的习惯用语不同的习语。

例：after one's own heart 正中下怀

plentiful as blackberries 多如牛毛

as silent as the graves 守口如瓶

castle in the air 空中楼阁

fish in the water 水中捞月

between the devil and the deep sea 进退维谷

hit someone below the belt/stab someone in the back 暗箭伤人

Beat the dog before the lion. 杀鸡给猴看。

Take not a musket to kill a butterfly. 杀鸡焉用宰牛刀。

（3）英汉习语的非对应性

英汉两个民族的语言习惯存在明显的差异，"非对应的习语"等习语的使用方式与汉语的使用方式和文化特征有很大的不同，这就导致了两者之间的语言表达方式存在较大的差异。

例：bull market 牛市

bear market 熊市

one s face glowing with health 红光满面

二、饮食与典故文化及其翻译

（一）饮食文化与翻译

无论是东方还是西方，饮食都是人们的基本需求，是一切人类文明的前提。中式菜肴种类繁多，色彩斑斓，它们的命名方式既有现实主义的写实风格，也有浪漫主义的抒情色彩。它们不仅拥有悠久的历史文化底蕴，还融入了当地的民俗风情和独特的地方风味。因此，一些菜的名字不仅是一道菜的简称，还是一种能够激发出无限想象力的艺术名字，甚至有些名字背后还流传着美丽的传说。

译者应该尽可能准确地将中国菜肴的名字翻译成英语，以便让外国游客体验到中国菜肴的独特魅力，还可以通过这些名字来了解中国烹饪技巧和文化内涵。

菜肴名称的翻译，首先应该让外国客人了解菜的原料和烹调的主要方法，其次应反映出菜肴"色、香、味、形"的主要特点。如有可能，还应简略介绍与菜肴有关的民俗风情或历史传说，文字应该简洁明了。根据中式菜肴的主要特点和菜名的英译要求，译者一般可采用以下四种方法进行翻译：

1. 直译类

大多数中式菜肴都是以实物为基础，包括主料、配料、调料以及烹饪方法在翻译时，可以按照"烹饪方法+加工方法+原料（主料、配料、调料）"的顺序来组合，以便更好地表达出美味的口感，如"烹调法+主料名""烹调法+加工法+主料名+with/in+调料名"。

2. 意译类

中式菜肴不仅注重烹饪技巧，还追求名字的优雅和寓意。因此，一些菜的名字通常是根据原料和配料的颜色或外观来命名的，或者是通过整个菜肴的外观来表达一种吉祥如意或具有艺术气息的名字。在翻译这类菜名时，译者应该尽量避免使用语言表达，而是应为通过意译的方式来传达原料和烹饪技巧。

3. 直译 + 意译类

对于一些菜肴名称的术语，如"色、香、味、形、音"，可能会用表示吉祥喜庆等的行话隐语来表达，这可能会让外国客人难以理解其中的深刻含义。因此，译者应该采用直译和意译相结合的方法，将行话隐语所蕴含的寓意直接译出，以便让外国客人更好地理解这些菜肴的含义。

4. 直译 + 注释类

（1）直译

我国地域广阔，拥有丰富多彩的文化和习俗，一些独具特色的美食，以"地名或人名 + 菜名"为基础，可以按照"直译地名或人名 + 菜名"或"菜名 +（in）…style"的格式进行翻译，以展现中华文化的独特魅力。

（2）典故翻译

许多美食的命名来自古老的文化和神话，它们的名字并未体现出食材的特性，也没有表达出烹饪的技巧。因此，想要准确地理解它们的意思，就需要将它们的来源和背景融入一段历史中，而非仅依靠翻译来表达。在翻译这种菜肴时，译者应该使用简洁明了的语言来表达原文。

（3）药膳

药膳作为中国传统的饮食疗法，具有独特的文化内涵，它不仅富含营养，而且能够预防疾病。因此，药膳在国际上深受欢迎，许多酒店的餐点里都包含这种美味的药膳。在翻译中，除了要准确地表达药膳的原料、烹饪技术，更重要的是要清楚地表达它们的主要药理作用，从而展示出它们的独特风味与功效，让对中国饮食文化一无所知的外国游客能够轻松地挑选并享受到美味佳肴。

（二）英汉典故文化对比

1. 英汉典故设喻方式对比

英汉典故在来源方面是基本一致的，因而各自典故的设喻方式也大体类似。概括起来，英汉典故的设喻方式通常有以下几种类型：

（1）借助地名设喻

借助地名设喻是指将特定时间或故事所涉及的地名作为喻体，用以表达一种特定的寓意或喻指。例如，英语中的"meet one's Waterloo"（遭遇滑铁卢），滑铁卢是比利时的一个城镇,在这里发生的滑铁卢战役中,拿破仑率领的法军战败,后人就用此语来喻指惨遭失败。

汉语中也有这样的典故。例如,"东山再起"的典故讲的是东晋谢安退职后隐居于东山做隐士,但后来又出山任朝廷要职,此语喻指失势之后重新恢复地位、权势等。

(2)借助人物设喻

借助人物设喻是指将特定时间或故事所涉及的人物作为喻体,来表达一种特定的寓意。例如,英语中有"Herculean task"(赫拉克勒斯的任务),这一典故取自古希腊神话,赫拉克勒斯是主神宙斯之子,力大无比,故被称为大力神,所以该典故用来喻指艰难的、常人难以完成的任务。又如,"Shylock"(夏洛克)是莎士比亚喜剧《威尼斯商人》中一位内心残忍的守财奴,经常被用来指既吝啬小气又手毒心狠的人。

汉语中也有许多以人物设喻的典故。例如,"孟母三迁"原本说的是孟子的母亲在孟子幼年时十分重视对邻居的选择,为了给他选择一个良好的教育环境,曾三次迁居,后来被用来喻指选择良好的居住和教育环境对儿童教育的重要性。其他以人物设喻的汉语典故还有"成也萧何,败也萧何""姜太公钓鱼""王祥卧冰"等。

(3)借助事件设喻

借助事件设喻是指将特定的事件或故事作为喻体,用以表达一种特定的寓意或喻指。例如,英语典故"the Last Supper"出自基督教故事:耶稣得知自己将被一门徒出卖后,依然从容坚定,召集十二门徒共进最后的晚餐,同时当场宣布这一预言。后用该典故喻指遭人出卖。

汉语文化中也有很多以事件设喻的典故。例如,"负荆请罪"这一典故讲的是战国时期廉颇为自己的居功自傲、慢待蔺相如而向其负荆请罪,从而使将相友好相处。后来用该典故喻指认错赔礼。

(4)借助动植物设喻

借助动植物设喻是指将特定的事件或故事所涉及的动植物作为喻体,用以表达一种特定的寓意。例如,英语典故"scapegoat"(替罪羊),讲的是在古犹太人举行的赎罪祭中,大祭司将通过抽签抽来的一只大公羊作为本民族的替罪羊放入旷野，以带走本民族的一切罪过，现用来指代人受过或背黑锅的人。

在汉语文化中，"鹬蚌相争，渔翁得利"也是以动植物设喻的典型例子，讲的是一只蚌张开壳晒太阳，鹬去啄它，被蚌壳钳住了嘴，在双方相持不下时，渔翁来了，把两个都捉住了，后人用这一典故来喻指双方相互争执却让第三方得利。"草木皆兵"讲的是前秦苻坚领兵进攻东晋，进抵淝水流域，登寿春城瞭望，见晋军阵容严整，又远望八公山，把山上的草木都当作晋军而感到惊惧，后来被用来喻指惊慌之时的疑神疑鬼。类似的典故还有"狐死首丘"等。

2. 英汉典故文化渊源对比

英语与汉语中的很多典故都从神话传说、历史故事、寓言故事、宗教信仰、文学作品及风俗习惯中汲取营养，创造了很多脍炙人口的典故。此外，还有一部分英语典故来自影视作品、体育运动或社会生活。下面对两种文化下的典故文化渊源进行对比分析。

（1）英语典故的文化渊源

英语典故的文化渊源主要包括以下几个方面：

①历史事件

英国虽然是一个历史悠久的国家，但只有少数反映本民族故事的历史典故。在英语文化中，有很多来源于欧洲众多国家历史事件的历史典故，如"draw a line in the sand"（划定一个限度）、"smoking gun"（冒烟的枪/确凿的证据）、"shuttle diplomacy"（穿梭外交）等，类似的英语典故还有很多。

"Pyrrhic victory"（皮洛士的胜利）喻指得不偿失的胜利。这一典故来源于古希腊时期，伊庇鲁斯（Epirus）的国王皮洛士（Pyrrhus）在前281年和前279年两次率重兵渡海征战意大利，在付出了巨大的代价后取得了胜利。

"fiddle while Rome is burning"（面对罗马火灾仍弹琴作乐）喻指大难临头却依然寻欢作乐，对大事漠不关心。64年，罗马城遭遇大火，而皇帝尼禄（Nero）无动于衷，坐在城楼上一边弹奏乐器、哼唱歌曲，一边欣赏眼前的火灾。

"gold Rush"（淘金热）喻指做某事的热潮。这一典故原意是指美国历史上西部淘金时期的高峰期。

"Give me liberty or give me death."（不自由，毋宁死。）这一至今广为流传的名言出自美国独立战争时期杰出的政治家、演说家帕特里克·亨利（Patrick

Henry）。1775 年，在弗吉尼亚第二届革命大会上，帕特里克·亨利在发表演说时提出了这一名言，号召北美殖民地人民团结起来反抗英国统治，并预言战争即将爆发。

"fifth column"（第五纵队）喻指渗透敌人内部并暗中进行破坏和里应外合的间谍或内奸。该典故源自西班牙内战，当时佛朗哥的莫拉（Mora）将军声称，他有四支纵队从四面八方包围马德里，而"第五纵队"则在城内与其策应。

"The only thing we have to fear is fear itself."（我们唯一不得不感到恐惧的就是恐惧本身。）这句人们经常引用的名言出自富兰克林·罗斯福（Franklin Roosevelt）总统 1933 年 3 月 4 日的就职演说。当时，美国正遭遇经济大萧条，处于严重困难时期。罗斯福在就职演讲上希望全国人民能够镇定自若，在危急时刻支持政府。

②古代经典

英语文化中有许多典故来自古代的经典作品，特别是古希腊和古罗马神话，还包括各种民间传说、寓言故事及各个时期著名文学戏剧大师的经典作品。西方的寓言故事对英语典故的产生具有重要影响。例如，"kill the goose that lays the golden eggs"（杀鸡取卵）的意思是牺牲将来的利益，满足眼前的需要。这一典故源自《伊索寓言》：有个人有只母鸡，能产出金蛋。他以为在它的肚子里有金块，于是把它杀了，却只见它同别的母鸡是一样的。他希望得到巨大的财富，却把微小的利益也失掉了。

③文学作品

英语中同样有很多来自文学作品的典故。例如，人们经常使用 odyssey 喻指磨难重重的旅程或艰难的历程。在英语文化中，Odyssey（《奥德赛》）与 Iliad（《伊利亚特》）合称为希腊的两大史诗，相传为荷马所作。两部史诗都分有 24 卷，《奥德赛》约 12000 行，《伊利亚特》约 15000 行。《奥德赛》一诗描述了古希腊神话英雄奥德修斯（Odysseus）在特洛伊战争中以"特洛伊木马"攻破特洛伊城后，在海上飘流十年，战胜了独眼巨神，制伏了女巫，经历了各种艰险，终于回到了自己的国家，夫妻团圆。

④体育典故

英美国家尤其是美国体育运动十分发达，有着良好的体育传统。多数美国人拥有运动健身的习惯。因此，人们通常对体育话题十分感兴趣，从而使许多体育运动的术语流行于人们的日常生活中。久而久之，篮球、棒球、橄榄球、拳击等热门体育项目常用的体育术语，通过转义而被广泛用于日常生活领域，并且逐渐演变为典故。

例："carry the ball"（做持球队员）喻指在某项行动或艰巨任务中承担最重要、最困难的职责。这一典故从橄榄球术语借用而来，原意是指在射门时充当持球队员。

"be down and out"（击倒出局）喻指经过努力而彻底失败或贫困潦倒，陷于完全无望的处境。这一典故源于拳击比赛中常用的术语，原意是指被对手击倒在地而遭淘汰。

"drop back and punt"（凌空踢落地反弹球）喻指放弃目前的策略，尝试采用其他办法。这一典故源于橄榄球术语，原意是指抛球后待球落地反弹起来之后，朝对方球门凌空抽射的技术动作。

"hat trick"（帽子戏法）喻指巧妙而利落的同时做成多件事。这一典故出自魔术，原意是指魔术师用帽子变的戏法。后来这一魔术用语不仅用于英国板球运动中指一个板球投手连续三次击中柱门，还用于足球、曲棍球领域，指一个足球或曲棍球队员在同一场比赛中独进三球。

"have two strikes against someone"（三击中已有两击不中）喻指处于极其不利的境地。这一典故从棒球比赛规则借用而来，原意是指球手三击不中就必须出局退场，因此球手两击不中就很危险了。

"hit/strike below the belt"（击打腰带以下部位）喻指采取不正当手段攻击或对付对方以获胜。这一典故来自拳击术语，原意是指违规击打对手身上不应击打的部位。

"not get to first base"（尚未跑上一垒）喻指计划尚未启动，或者在计划开始实施之初就遭受挫折，或者距离成功尚需时日，甚至遥不可及。这一典故源自棒球，原意是指棒球击球手没有成功地跑到第一垒。

"squeeze play"（挤牌）喻指迫使对方处于进退两难的境地，导致其失败而不得不付出代价的行动。这一典故来自桥牌术语，是打桥牌的一种战术，即根据敌我牌情创造条件，以紧逼对方出某张牌，从而迫使对方就范。

"swallow the bait, hook, line and sinker"（不但吞食了鱼饵，而且连同鱼钩、鱼线和铅坠一同吞了下去）喻指被小恩小惠诱惑而全盘、彻底地上当受骗、中圈套。这一典故源自钓鱼术语，意指有时鱼过于贪食鱼饵而将鱼钩、鱼线甚至铅坠一并都吞了下去。

"play one's trump card"（打出王牌）喻指在工作、经商、比赛、对抗或战争中使出绝招，采用最有把握取胜的办法。这一典故原是桥牌术语，意指关键时刻打出王牌以制胜。

"The ball is in sb. court"（该轮到某个球员击球了）喻指该轮到某人采取行动了。该典故原是网球比赛常用术语。

⑤现当代经典

英语典故还经常取材于现代、当代的各类经典，包括文学、影视等，如"Snoopy"（史努比）、"Tarzan"（人猿泰山）、"Spider-man"（蜘蛛侠）、"Superman"（超人）、"Zorro"（佐罗）、"Pinocchio"（匹诺曹）、"Uncle Tom"（汤姆叔叔）、"Black Humor"（黑色幽默）、"Shangri-la"（香格里拉）、"Angry Young Men"（愤怒青年）、"Sophie's choice"（苏菲的选择）、"Peck s bad boy"（佩克的坏孩子）、"Seven-year-itch"（七年之痒）、"Yellow Ribbons"（黄丝带）。下面介绍一些来源于当代经典的英语典故。

"Dragon Lady"（龙夫人）喻指因丈夫的权势而操纵大权的女人。这一典故源自连环漫画《特里和海盗》中一个有权威的、盛气凌人的女人。

"James Bond"（詹姆斯·邦德）喻指有勇有谋、反应敏捷、本事高强的人。这一典故源自英国小说家伊恩·弗莱明（Ian Fleming）的小说及其电影中智勇双全的代号为"007"的间谍形象。

"Mickey Mouse"（米老鼠）常用来喻指简单的、初级的、容易的东西，或者指微不足道的东西，通常表示轻视或不满的情绪。Mickey Mouse 在1928年的动画片《威利号汽船》中问世，后来在一系列的迪士尼动画片中出现，成为华特·迪士尼动画片中的著名角色，也是迪士尼作品体系中的关键角色。

"Clockwork Orange"（发条橙）喻指被洗脑后失去个性的人，尤其是指个性受压制、按条件反射行事的人。这一典故源自1971年出品的好莱坞电影《A Clockwork Orange》，该电影改编自同名小说，曾获奥斯卡最佳影片奖提名。电影中描写了一伙追求享乐、没有道德观念的年轻人拉帮结派、胡作非为，闹得四邻不安，主角入狱后为了提前重获自由自愿接受特殊的人格治疗，却在"痊愈"后遭到正义迫害的故事。

"the Beat Generation"（垮掉的一代）喻指不满现实、反叛传统、追求自由、我行我素的人。"the Beat Generation"原指20世纪50年代出现的一个文学流派，也指该流派所代表的一代人，其成员被称为"疲沓派"。这一流派最著名的代表作有艾伦·金斯伯格（Allen Ginsberg）的长诗《嚎叫》、杰克·凯鲁亚克（Jack Kerouac）的长篇小说《在路上》等。

"make my day"（让我高兴高兴）喻指对对手某种行为的强烈反应、高度兴奋，自信能战胜对手，肯定会马到成功。这一典故源自美国电影《拨云见日》。该电影中一位名叫"胡来的哈里"的警探拔枪对准一个也试图掏枪的犯罪嫌疑人，说"Go ahead, make my day"。

⑥莎翁戏剧

莎士比亚的作品也是英语典故的一个主要来源。下面介绍一些来自莎士比亚戏剧的英语典故。

"salad days"（色拉岁月）喻指天真幼稚、缺乏人生经验的青少年时期。该典故源自莎士比亚的《安东尼与克里奥帕特拉》。在此剧中，埃及女王克里奥帕特拉（Kleopatra）称自己在与罗马统帅恺撒（Cesar）谈恋爱的时候还是"色拉岁月"。

"caviar to the general"（不为一般人所喜好的鱼子酱）喻指阳春白雪、曲高和寡。该典故出自莎士比亚的著名悲剧《哈姆雷特》中的第二幕第二场。

"it is Greek to me"（他讲的是希腊话）喻指一点儿不理解、一概不通。该典故出自莎士比亚剧本《裘力斯·恺撒》。

"some men are born great, some achieve greatness, and some have greatness thrust upon them"（有的人是生来的富贵，有的人是挣来的富贵，有的人是送上来的富贵）喻指人生的富贵、功名等的获取各有各的道。这一典故出自莎士比亚的喜剧《第十二夜》。

（2）汉语典故的文化渊源

从文化渊源进行分析，汉语典故比较常见的文化渊源主要有以下几种：

①史实

中华民族拥有悠久的文化传统,在历史上曾多次更迭,每个时期都会出现重要的历史事件。这些事件和故事成为汉语语言的一个独特组成部分,并且在不同时期得到了广泛的传播和应用。比如,"卧薪尝胆""负荆请罪""四面楚歌""闻鸡起舞""口蜜腹剑"等,这些典故本身就是对历史事件的概括;"助纣为虐""殷鉴不远"等典故,则表达了人们对历史的看法和评价,具有一定的社会认识价值。下面再介绍一些源自历史史实的汉语典故。

"纸上谈兵"(talk about stratagems only on paper engage in idle theorizing)喻指不切实际的空谈。这一典故出自《史记·廉颇蔺相如列传》:战国时,赵国的赵括从小善于谈论兵法,于是赵王用他代廉颇为将。结果长平一战,赵军战亡45万。

"毛遂自荐"(volunteer to do something/recommend oneself for position or task)喻指自告奋勇,自己推荐自己担任某项工作。该典故出自史书《史记·平原君列传》:战国时期,秦军围攻赵国都城邯郸,平原君奉命去楚国求救,其门下食客毛遂自动请求与平原君一同前去。到了楚国以后,平原君跟楚王谈了一上午都没有结果。于是毛遂挺身而出向楚王陈述利害,楚王才派兵去救赵国。

"庆父不死,鲁难未已"(There will be no peace for nation without getting rid of those bent on crewing internal unrest)喻指不除掉制造内乱的罪魁祸首,国家就无法得到安宁。根据《左传》记载,庆父是春秋时期鲁国鲁庄公的弟弟。在鲁庄公死后,庆父为了篡权夺位,先后杀死了两个继嗣的国君,从而造成鲁国动乱不安、动荡不止。

②神话传说

神话传说是中华民族的重要组成部分,记录了古代劳动人民的智慧和勇气,反映了他们对宇宙的探索和追求,以及他们对未知世界的憧憬。中华民族拥有悠久的历史,而神话传说则更是其中的精华,它们构筑了中华民族的精神宝库。汉语神话传说是古代人民的精神家园,反映古代人民对自然和社会生活的认识,并且每一个典故背后都有一个感人的故事。例如,"愚公移山""牛郎织女""嫦娥奔月""夸父追日""精卫填海""女娲补天"等经典之作,展现了汉族文化的独特魅力,令人深思。

"伯牙绝弦"(It is quite difficult to find person who is keenly appreciative of one's talent）这一典故喻指知音难遇。据《列子·汤问》记载，伯牙是古代一位善于弹琴的乐者，而钟子期善解琴音，是伯牙的知音。在钟子期死后，伯牙认为再没有人能像钟子期那样懂他的音乐，于是破琴绝弦，终身不再弹琴。

"八仙过海"（the eight Immortals cross the ocean each displays their own talent or skill to see who is the best）这一典故寓意是各自有一套办法，或各显其能，互相竞赛。"八仙"是指张果老、汉钟离、铁拐李、吕洞宾、韩湘子、曹国舅、蓝采和、何仙姑。根据明代的《东游记》记载，相传"八仙"过海时不用舟船，而是使用各自的法术，各使手段、各显神通地过海。

"画龙点睛"（bring picture of dragon to life by in the putting pupils of its eyes）这一典故喻指在作文或言谈时，在关键之处加上精辟的词句点明要旨，从而使之更加精辟传神、生动有力。根据唐朝张彦远《历代名画记》记载，梁代张僧繇在金陵安乐寺寺壁上画了四条龙，却不给龙点眼睛，说如果点了眼睛，龙就会飞走。别人不相信，偏叫他点上。结果，张僧繇刚给其中一条龙点上眼睛，便雷声大作，震破墙壁，这条龙乘云上天，只剩下没点眼睛的三条龙留在墙壁上。

③民间习俗

风俗习惯是指社会上长期形成的风尚、礼节、习惯的总和构成了民间的风俗，是社会文化的重要组成部分，是促使语言不断丰富和发展的源泉，也是典故产生的来源。比如，汉语中的"各人自扫门前雪，休管他人瓦上霜"，这一典故源自人们的生活习惯：在冬天下雪时，为了保护自身和他人的安全以及方便出行，各家各户会自发地清扫庭院或门前的积雪，以此来表达他们对他人和集体利益的尊重和关怀。现在，这一典故也被广泛用于指责那些只考虑自身利益而不顾他人利益的行为。另一典故"半斤八两"源自中国习惯使用的"斤"这一计量单位，整个成语表示一半对一半。下面再介绍一些源于民间习俗的汉语典故。

"下马威"（severity shown by an official on assuming office show off strength at first contact）泛指一开始就给以颜色，给对方一点儿厉害，或者向对方显示威力。在封建社会的官场中，新官上任后的普遍做法是刚一上任就严厉处罚一批属吏，以此显示自己的威风，从而起到敲山震虎之效。

"采兰赠芍"（present peony to the other for orchid given by him or her between couple of lovers）喻指表示彼此相爱之情。芍是指芍药，是一种香草。古代男女

青年"你采兰花给我，我回赠芍药于你"，以表达爱意。

"三茶六礼"（complete ritual in decent wedding）喻指礼仪完备、明媒正娶。其中，"三茶"指我国旧时娶妻多用茶作为聘礼的习俗，"六礼"指纳彩、问名、纳吉、纳征、请期、亲迎六项娶亲礼仪。

"民以食为天"（Hunger breeds discontentment-enjoy delicious food is of the prime importance）意思是百姓以粮食为生存的根本。这是由于长期的生产、生活使中国人深刻地意识到粮食对人类生存的重要性。现代的餐饮业又赋予这一典故另一种新意，即享受美食乃人生首要乐事。

④古典文献

有一些汉语典故是从古典文献（包括史学、哲学、文学书籍与作品）中的经典名言名句里抽取、提炼、演化而来的，是人们为了方便使用而概括出来的。例如，出自《三国演义》的"三顾茅庐""过五关斩六将"等，出自《水浒传》的"梁山好汉"，出自《西游记》的"唐僧肉"，出自《吕氏春秋·明理》的"罄竹难书"，出自杜甫《前出塞九首·其六》的"射人先射马，擒贼先擒王"。下面再介绍一些源自古典文献的汉语典故。

"兔死狗烹"（kill the trusted aides once they have outlived their usefulness）比喻事情成功之后，把为此效力且有功的人抛弃或杀掉，多指统治者在成功后杀掉功臣。该典故出自《史记·越王勾践世家》："范蠡遂去，自齐遗大夫种书曰：蜚鸟尽，良弓藏；狡兔死，走狗烹。越王为人长颈鸟喙，可与共患难，不可与共乐，子何不去？"[①]

"鞭长莫及"（beyond the reach of one's power or authority）比喻距离太远力量还达不到。这一典故出自《左传·宣公十五年》："古人有言曰：'虽鞭之长，不及马腹。'"[②]

"名落孙山"（fall behind Sun Shan fail in an examination or competition）用以婉言应考未中。这一典故出自宋代范公偁《过庭录》：宋代孙山考中了末一名，有人向他打听自己的儿子是否考中，孙山便回答道"解名尽处是孙山，贤郎更在孙山外"。[③]

[①] 王建新. 竹帛智慧十讲 [M]. 北京：金城出版社，2021.
[②] 钱莲生，刘玉杰. 汉语成语英译词典 [M]. 哈尔滨：北方文艺出版社，1999.
[③] 董洪杰. 国学知识全知道 [M]. 北京：北京联合出版公司，2014.

"皮之不存，毛将焉附"（With the skin gone, what can the hair adhere to thing cannot exist without its basis）喻指事物没有基础就不能存在。这一典故出自《左传·僖公十四年》："皮之不存，毛将焉附？"①

"逃之夭夭"（make one's get away）原本是形容桃树枝叶繁茂，由于"桃"与"逃"同音，因此后人用这一典故喻指逃跑、溜走，是一种诙谐的说法。这一典故出自《诗·周南·桃夭》："桃之夭夭，灼灼其华。"②

（三）英汉典故文化互译

1. 直译加注法

对于一些英语典故，如果仅采用直译的方法，就很难使中国读者完全理解其中的寓意。如果改为意译，又很难做到保持原有的形象和风格。这时就可以采用直译加注法来对其进行翻译。这不仅可以保持其原有的形象和风格，还可让读者理解其潜在的意义。

例：A good dog deserves a good bone.

译文：好狗应得好骨头。（有功者受奖。）

There is no rose without thorn.

译文：没有不带刺的玫瑰。（世上没有十全的幸福；有乐必有苦。）

An old dog will learn no new tricks./You cannot teach old dogs new tricks.

译文：老狗学不出新把戏。（老顽固不能学新事物。）

2. 直译联想法

在英汉两种语言中，有许多典故的含义或比喻意义基本相同，但表达方法存在很大的差异，这是由以英语为母语的国家和中国的文化差异造成的。面对这种情况，译者就可以使用直译联想法进行处理。直译联想法是指直译原文而得出的译文容易使译文读者联想到自己所熟悉的典故。

例：Bad workmen often blame their tools.

译文：拙匠常怪工具差。（联想：不会撑船怪河弯。）

It's a long lane that has no turning.

---

① 王朋，钟鸣. 通用成语词典 [M]. 长沙：湖南人民出版社，2000.
② 常迎春. 藏在名句里的诗词密码 [M]. 北京：中国青年出版社，2022.

译文：路必有弯，世上没有直路。（联想：事必有变，瓦片也有翻身日。）

He who laughs at crooked men should walk very straight.

译文：笑别人驼背的人得自己先把身子挺直。（联想：己不正何以正人。）

3. 意译改造法

英汉文化中有许多在形象和风格方面存在差别的典故，它们的意义大致相同。所以，在翻译时，只需略加改造即可达意，还可以避免改变原文典故的结构和习惯。

例：One swallow does not make a summer.

这句英语谚语的直译：只发现一只燕子不能说明夏天的来临。

汉语中并不存在完全一致的谚语，但也存在一些类似的谚语，例如"一花不是春"和"独木不成林"。因此，译者可以通过意译加改造的方式将其翻译为"一燕不成夏"。

4. 等值互借法

对于一些在意义、形象或风格上有相似之处的英汉文化典故，译者可以采用等值互借法来翻译。例如，"Walls have ears"可以通过汉语谚语来翻译成"隔墙有耳"，这样既能保留原文的意义、形象和风格，又能符合汉语的语法结构和习惯。这种情况还有很多，如下面所示。

Great minds think alike.

译文：英雄所见略同。

Like father, like son.

译文：有其父必有其子。

第三章　心理学视角下的英语翻译

本章将围绕心理学视角下的英语翻译展开详细论述，主要包括三部分内容，分别为翻译心理学理论研究、基于认知心理学的英语翻译、英语词汇翻译中的心理模型。

第一节　翻译心理学理论研究

一、翻译心理学：研究对象与理论基础

翻译心理学是一门新兴的交叉学科，它的研究范围涵盖了翻译、心理学和语言学三个方面。具体而言，它的研究对象涉及翻译与心理学、翻译与认知学、翻译与语言理解学、翻译与语言生成学、翻译与记忆学、翻译能力与语言习得学等多个领域。其中，对翻译的认知心理过程、双语转换的认知心理机制等有关心理或大脑黑箱的研究为该学科的重要课题。与翻译心理直接相关的认知心理学课题还有人类感知系统、人类记忆系统及其知识表征、信息加工方式及其系统模型、语言理解与语言生成、个别差异与翻译思维等。本书尽管本着取名从简的原则，但实际涉猎的内容或层面还应包括语言方面，正如上述相关研究课题（如语言理解、语言生成、语言习得等）所明示的一样。

简言之，翻译是一种将两种语言、语码转换为另一种的过程，包括接收、解码、记忆、编码和表达五个步骤。前四个步骤反映了译者的认知心理，也就是双语转换的内在机制；最后一个步骤则体现了语言理解和产出的完整过程，它涉及源语的接受、解码以及译入语的表达，从而使得翻译更加准确、有效地实现目标，这一过程是在语言的各个层面进行的（包括语音、词汇、句法、语篇、语用等层面）。由此可见，双语翻译的转换过程既是认知心理的，又是语言的。因此，广义的翻译心理学可指语际转换认知心理学，这也是本书力求表达的宗旨和覆盖的内容。

（一）翻译的心理过程

从语言心理学的角度看，翻译是两种语言的心理转换。简单地说，这种转换包括了译者对源语的理解过程和译入语的生成过程。语言理解和语言生成是语言使用的两个基本心理过程，而对这两个心理过程的研究不仅是心理语言学的重要任务，而且是语言心理学（着重研究语言运用的心理过程）和翻译心理学（着重

研究双语转换的心理过程及其认知机制）的核心论题。

语言理解是从语言表层提取或构建深层意义的积极心理推理过程。听话人对说话人语言的理解是从接收来自外部输入的语言刺激（说话人言语）开始，然后通过在心理词库中进行检索获得单词的意义，随后再经过句法、语义（或语用）分析获得句子或话语的意义或形成话语的概念系统。这一过程要求听话人不仅依赖自己已有知识组织、认知结构，还依赖内部的心理图式。始于源语理解的双语翻译同样经历了接收语言刺激（书面源语或口头源语），然后经过心理词典的检索和句法、语义、语用的分析提炼归纳出话语深层意义（或概念系统）的"由表及里"的推理过程。从这个意义上说，日常言语理解和翻译中的源语理解都经历了同质的意义构建这一心理过程。

语言产出的心理过程与语言理解的心理过程刚好相反，前者反映的是从深层思想或命题结构演绎出具体语言的"由里及表"的心理过程。语言产出源于语言理解，它所涉及的核心问题是如何在理解说话人话语（或书面文本）的基础上制订言语产出计划，并通过构拟内部言语来实现这一计划。语言产出大致经历了构建、转换和执行等心理过程。构建指说话人对意欲表达的思想、概念、信息的计划或准备；转换指说话人将业已计划好的深层思想转变成具体语言，其结果是形成内部言语；执行是指内部言语的外化或具体实施，其结果是形成社会公认的外部言语。[1] 双语翻译中的译语产出同样经过构建、转换、执行等心理阶段，有所不同的是它不再用同一种语言（说话人的语言）完成"由里及表"的转换，而是使用另一种语言（听众理解的语言或译语）实施转换，且其转换、执行的结果也是内部言语和外部言语的形成（尽管皆为译语）。

由此可见，双语翻译是一种心理学上的过程，既需要理解对方的文化背景，也需要产生相应的语言表达。这两个过程相互依存，但在日常生活中，单语翻译通常是用来完成语言使用的基本步骤。可以说，翻译和言语交际都是一种心理活动，都反映了语言使用的两个基本过程：理解和表达。这两个过程都是相互关联的，并且在不同的情境中发挥作用。翻译心理学所要研究的正是这样一个共享的语言使用心理过程：理解—产出—再理解—再产出，如此循环往返，直至口译活动或任务的全部完成。

---

[1] 肖福平，章勇. 理性语言的心理形式与意志表现[M]. 北京：中央编译出版社，2018.

（二）认知心理学的信息加工范式

双语翻译同日常言语运用一样体现了语言使用的"理解"和"产出"的两个基本心理过程，从这个意义上说，翻译心理学同心理语言学和语言心理学一样，都共同关注语言的运用及其过程。研究语言运用就意味着研究者要揭示或描述人的语言能力的使用过程，它包括人类的语言生成、语言理解和语言获得的过程。语言学关注的是人们的语言能力（competence），而翻译心理学、心理语言学、语言心理学关注的是使用语言能力的心理过程（performance & process）。

从"心理"和"过程"的研究结果可以看出，翻译心理学、心理语言学和语言心理学等学科都与认知科学有着密不可分的关系。认知科学是一门综合性学科，将认知心理学、人工智能、语言学、哲学、神经科学和人类学等学科有机结合，以更深入地理解人类语言和认知过程。"理解心理"（mind）是所有学科的共同目标。

20世纪70年代末，认知心理学家普遍认为信息加工范式（paradigm）是研究人类认知的最好方法。[①] 信息加工范式可以被视为一种有效的符号处理系统，将人类心理的思维过程抽象化，由中央处理器和记忆存储器组成，可以实现信息的输入、输出、存储、复制、建立符号结构以及条件性迁移，这种加工系统也被称为"符号操作系统"，但更多时候被称为"物理符号系统"。很明显，"人类认知与计算机功能雷同"提出的信息加工范式是一种有效的方法，将认知与计算机的信息处理相结合，从而更好地理解人类的心理活动。因此，许多认知心理学家对"心理"和"认知"的定义、功能、运作方式等方面提出了重要的解释。

第一，人类是自主地、有目的地与外部世界发生交互作用。

第二，通过与外部世界交互作用而产生的心理是一个具有普遍目的的符号加工系统。

第三，符号是存储于长时记忆中的模式，这些模式指定或指向它们之外的结构。

第四，这些符号又被转化成一些最终代表外部事物的符号。

第五，心理学研究的目的就是去确定这些符号加工过程以及认知任务中所有操作的表征(representation)。

[①] 罗伯特·索尔所. 认知心理学：第8版 [M]. 邵志芳, 译. 上海：上海人民出版社，2019.

第六，认知过程需要时间，而对反应时的估计并不困难。

第七，心理是一个容量有限且其结构和资源存在局限性的处理器。

第八，符号系统依赖于机体的神经机制，但也不完全受制于它。

上述论断已部分反映了认知心理学家（也称信息加工心理学家）较为普遍的信息加工观，其完整的认知加工思想、框架性内容和"分解"过程可归纳扩展为以下几点：

第一，信息处理系统的"原料"是由人类与外部环境之间的交互所产生的。这种信息处理观念在认知心理学中得到了广泛的应用，并且在"分解"中得到了充分的体现。

第二，第一部分应当是一个能够与外界环境相互作用的感知系统，能够捕捉到环境的特征，并将其组合成"认知码"。

第三，通过感知，我们可以将其转化为"中央加工器"和"工作记忆"，从而与长期记忆中的符号或模式进行匹配。

第四，通过匹配，我们创造出一种新的概念和符号，用于描述和反映客观现实。这种概念和符号通常被记录在"表征"中，并被储存在物理系统中。

第五，信息加工观和符号的形成，不仅受到心理因素的影响，也受到言语因素的影响，甚至受到身体因素的影响。它们都是通过认知处理得到的，包括信息输入、注意力识别、存储和处理、重新构建等步骤。

第六，认知处理所耗费的时间可能不止几毫秒，这是由于它涉及大量的神经元的化学反应、电反应以及其他复杂的信息处理，这些信息处理都会耗费大量的时间。

第七，记忆是认知过程的关键组成部分，不仅是一种有效的信息储存方式，也是一种有效的信息传递途径，可以帮助我们更好地理解外部信息，并将其转化为有意义的信息。

第八，中央处理器则是控制整个认知过程的核心，它的作用就像电脑的硬件一样，它可以帮助我们更好地理解外部信息，从而更有效地完成认知任务。

第九，尽管"能动"的影响力可以在某些方面改善人类的行为，比如改善环境或者提升硬件的性能，但是符号加工仍然可以在某种程度上影响人类的行为。因此，我们可以说，符号加工的影响力仍然存在，并且可以在某种程度上改变人类的行为。

基于信息加工的认知研究倾向把信息加工描述为一种抽象的分析，且其过程是序列发生的，即系列加工（serial processing），并且坚持对信息加工系统进行分解讨论。在20世纪80年代以后，以神经网络为基础的联结主义（connectionism）（也称"分布式"或"神经网络"）则强调认知研究的神经基础和数学基础，认为人类认知的处理单位不是符号，而是神经元；它们处于不同的激活状态，并按不同的联结形式连接起来，其联结形式具有不同的权重且是平行运作的（parallel processing），即语言信息的处理是并行而非线性移动的。显然，联结主义模型将其理念建立在"神经激活"之上，因此语言信息的加工应在"神经网"中平行进行。

（三）人类的认知系统及信息加工模式

近20多年来，心理学家和语言学家越来越认识到，研究语言使用者的心理状态及其影响因素，对于理解语言的功能和作用具有重要意义。因此，认知心理学作为认知科学的重要组成部分，不仅在传统心理学领域取得了重大突破，而且也以独立的身份进入了认知科学的主流。认知心理学旨在探索人类心理活动的各种复杂机制，从知觉、注意力、记忆、语言、情感、推理、解决问题、表征、决策、创新、概念构建到思考，以期达到理解、处理、重构以及构建译语的心理目的。此外，它还涉及翻译心理学，以更好地理解源语、信息处理以及译语的构建，从而更好地实现译语的理解。心理语言学认为，语言的使用取决于人们的认知能力，这种能力受到语音、句法、词汇、概念知识和信念系统五种知识的影响。因此，研究人们如何理解和掌握语言，就需要考虑这些知识之间的关系，以及它们如何影响人们的记忆和思维。同时，专门研究翻译双语转换中的理解和生成使用过程的翻译心理学可泛称为"翻译认识心理语言学"。

通过深入探索认知心理学的信息处理理论与心理语言学的语言使用理论，我们可以确定翻译心理学的研究对象，从而更好地认识双语转换中的源语理解与译语生成之间的关联。

翻译是一种将源语转换为译语的认知活动，建立在认知系统的基础上，通过双语转换实现心理上的转变，最终得到译品。

翻译是语言运用的特例，其理解和生成的使用需分别借助不同的语言，且其过程发生在认知系统中，除了常规的认知加工方式（如注意、识别等），（工作记忆中的）"转换、构建"成为译语生成的必经过程和认知手段。

译者对源语的理解如果脱离认知系统的记忆加工，则无法形成话语含义或无法建立源于源语的语义、概念表征，更不用说通达译语。

"理解""生成"与认知系统之间存在着密切的联系，它们不仅能够相互影响，而且能够促进长期记忆的发展，以及工作记忆与表征形成之间的相互作用。

（四）认知心理学的联结主义范式

在上文中，我们介绍了现代认知心理学三种研究取向或理论之一的信息加工（或符号加工）理论，及其框架下的有关翻译过程的信息处理模型和认知流程模型。作为一门新兴交叉学科的翻译心理学应博采众长。在此处，本书将介绍认知心理学的另一个重要研究取向——联结主义理论，并在其基础上探讨翻译心理学研究的联结主义方法和双语转换的联结主义模型。

20世纪中期，随着一场旨在推翻行为主义心理学的革命的兴起，以符号加工理论和联结主义理论为主流研究范式的认知心理学诞生了。在半个世纪的发展过程中，现代认知心理学经历了两个重要发展阶段。

第一是20世纪50年代至80年代中期的符号操作理论阶段。

第二是20世纪80年代中期以后的联结主义的发展和鼎盛阶段。

认知心理学的第三种研究范式，即一直未能受到重视的生态学研究也出现于20世纪50年代并发展至今。

20世纪80年代初，认知心理学的联结主义得以复兴，直至20世纪80年代中期，联结主义才迎来其事业发展的鼎盛时期，其显著标志是《并行分布加工：认知结构的微观探索》一书的出版。在这部划时代的著作中，作者提出了多层神经网络模型的反向传播学习算法（back propagation algorithm），证明了多层神经网络的计算能力可以完成许多学习任务，并解决其中的许多学习问题。在以后基于神经网络的研究中，科学家提出了具备处理不同信号能力的多种神经网络模型，它们又被运用于信息处理的各个领域，如模式识别、自动控制、信号处理、辅助加工、人工智能等。从此，联结主义模型的研究成为世界各国研究机构关注的热点问题，他们高度重视联结主义网络研究，研制多种联结主义网络软件包并开发网络的应用价值。

1.联结主义的基本理念及特征

联结主义模式是指通过简单加工单元之间的联结方式进行计算或加工信息的一类模式。它是对真实生物神经网络的模拟，并试图以此构建一个更接近神经活动的认知模型，因此又称人工神经网络。其基本成分包括单元和联结，单元是带有活性值（activation value）的简单加工器，而联结是单元之间发生交互作用的中介，单元与单元之间的联结构成网络。联结主义网络模式包含很多神经节，但它们中并不包含任何信息，信息是整个交互作用的神经节激活模式，知识信息并不存在于某一个特定的地点，而是存在于神经网络的联结中或权重里。权重是可以调整的，且其调整可以改变神经网络的联结关系及功能。

联结主义神经网络模型共有三层神经单元群，具体如下：

输入层：位于最下层，它模拟的是神经系统中的感觉神经元，其中的每个单元都像神经元那样将自己的轴突纤维延伸到第二层单元群。

隐含层：即第二层单元群，轴突纤维到达第二层单元群——隐含层后，其纤维末端分裂成扇形状分支，并与隐含层的每个单元相联结，即形成突触联结。这一联结可确保输入层的每个单元与隐含层的每个单元保持联系，并使隐含层的每个单元处于兴奋或抑制状态。隐含层把每个单元接收到的兴奋或抑制的有效事件加以汇总并予以判断，于是产生另一种不同类型的穿越隐含层单元的激活，其所呈现的类型则由输入层到隐含层的联结权重来决定。

输出层：即神经网络的最上层，隐含层轴突纤维到达输出层单元后即形成另一套突触联系，在这里，输出层把所接收到的有效事件予以汇总并作出相应的判断，结果使得原来通过隐含层的激活，又转变为另一种类型的穿越输出层单元的激活。联结主义神经网络通过将多种不同的输入矢量转换为一个单一的输出矢量，来实现对接收信号的有效处理。这种转变实际上是由不同层次的神经元对信号进行加工处理，其中隐含层负责粗加工，而输出层则负责精加工，从而实现对输入信号的有效处理。

联结主义神经网络模型的结构可以被描述为一种复杂的拓扑结构，它的核心在于建立一种神经元之间的相互连接，使得神经元之间能够协同工作，从而提高处理效率。虽然单个神经元的功能有限，但通过这种结构，它们仍然能够完成复杂的任务。在一个复杂的多层次网络架构中，每一个单元都不会彼此连接，只会形成一种抑制性的关系。但是，每一个单元层之间可以形成一种复杂的交互关系，既能产生激活作用，也能产生抑制作用。随着对网络连接模式的不断探索，研究人员发现，单一的层次神经网络模型无法有效地完成复杂的信息处理任务。因此，他们开发了一种具有多层次、多模块（或既有层次结构，也有模块结构）的神经网络模型。在这个模型中，每个单独的模块都负责执行特定的任务，它们的神经元彼此关联，形成一个完整的系统，以实现模块各自的目标。

复兴于20世纪80年代初的联结主义神经网络已成为当代认知心理学的重要研究方向或研究途径。作为建立在脑隐喻基础之上的理论模型，神经网络明显不同于其他研究方向，尤其不同于建立在电脑隐喻基础之上的符号操作系统模型或信息加工模型。神经网络的基本特征主要表现在以下五个方面：

（1）平行结构和平行处理机制

联结主义神经网络不仅在结构上是平行的，其所有的运算和很多认知过程的加工都是平行进行、同时操作的（平行分布加工：parallel distributed processing，简称PDP），而不是序列进行或操作的。由于在同一层次的所有加工单元同时运行和操作，因此神经网络才有可能以最快的速度感知来自外部输入的事物或刺激，并作出迅速的判断。

（2）分布式表征

在联结主义网络中，知识信息并不储存于任何特定的单元之中，任何一个特定认知活动的基础神经活动都分布在一个相对广泛的大脑皮层区域，或是以交互作用的激活模式扩散在整个神经网络中（或储存于神经网络的联结权重之中）。于是，该网络便采用分布表征的方式来处理、加工知识或信息。分布式表征和加工既可同时满足多重约束，又可节约大量的单元，并享有极快的加工速度。

（3）连续性、亚符号性

较之以离散的物理符号来表征较高级概念的符号加工理论，联结主义神经网络则强调模拟运算的连续性和信息表征的亚符号性，其中连续性模拟运算（而非"非符号性"）是联结主义网络模型处理知识信息的本质特征。联结主义加工范式与传统的符号加工范式的区别在于采用符号表征的层次不同，符号范式采用的是物理符号假设，而联结主义范式采用的是"亚符号范式"，这意味着它所表征的是直觉经验或尚未上升为用语言表达的概念（"亚概念"）。

（4）强大的容错性

与人的脑神经系统具有很强的容错性一样，联结主义神经网络也具有容错性的特点。由于人的大脑所拥有的知识与分布广泛的众多神经元连接，且是不同信息相互沟通的结果，因此正常人大脑细胞的自动死亡，甚至是大脑的局部损伤都不会影响其认知能力或大脑的总体功能。同样，在联结主义神经网络中，每个神经单元的损伤或缺失都不会影响神经网络的整体功能和输出模式，不会对正常的神经认知活动造成实质性的影响。这使人的认知活动（如模式识别、记忆、推理判断、信息重组等）得以进行，以致当认知加工出现错误信息时，人们仍能完成大多数神经信息的认知加工过程。

（5）自学习、自适应、自组织功能

联结主义神经网络的另一大特点就是具备自学习、自适应、自组织的功能。这些功能能使神经网络在遇到错误发生的时候自我调整神经单元之间的权重，采取相应的训练策略，并遵循一定的学习规则，重新进行神经信息的认知加工，直至产生一个与自己期待相符的输出结果。由此可见，联结主义神经网络的自学习、自适应、自组织功能与神经网络容错性的生物特征密切相连，是神经网络容错功能赖以实施的认知保证。

联结主义神经网络的上述基本特征说明联结主义是以"心理活动像大脑"为隐喻基础的理论模型，其脑隐喻理念及其对大脑功能的模拟似乎更接近人类生物脑的现实，这是基于神经生理学、心理学等学科研究成果的联结主义理论，也因此获得"在认知解释方面的一场哥白尼式的革命""心理学研究中的重要范示转换"的美誉。

2. 联结主义对学习和记忆的说明

作为以认知心理过程为研究取向的翻译心理学更加关注联结主义对学习和记忆的理论阐释。

在联结主义的神经网络中，学习与记忆是两个不同的概念。学习涉及一种新的联结关系，它能够使原有的联结发生变化，从而形成一种更加灵活的模式。因此，联结主义的学习不仅局限于一种模式，它还能够根据不同的情况，调整模式，从而达到预期的结果。联结主义研究的目的在于探究人类在处理复杂的神经信息时，如何通过多个神经元的协同作用来实现对其中数据的快速处理，从而更好地理解人类的认知活动。

联结主义的学习体系从是否有导师参与来看，可分为监督学习和无监督学习两种类型。

监督学习，又称有导师学习，它指学习者有一位外部的导师为其网络提供更复杂的反馈形式。在监督学习的环境下，导师须给网络提供一种有关期望输出的详细说明。监督学习的另一种形式是强化学习，指外部导师在对学习者的每一表征提供有关输出正确与否的信息的条件下所进行的学习。

无监督学习，也被称为无导师学习，是一种不受外部环境影响的自主学习方法。通过模式联合者的实验，我们可以发现，在没有外部干预的情况下，要想改变学习结果，就必须先了解输入和输出单元的状态。比如，在自联想（autoassociative）情境中，我们需要在输入和输出单元之间建立一个完全一致的模型。在没有外部指导的情况下，网络可以自主学习，不需要外部指导者提供预设的输出模式，而是通过自主学习来实现学习的目标。

联结主义研究的焦点在于如何将权重的变化应用于记忆的发展，联结主义者坚信这种变化可以被视作一种平衡，而且他们还尝试通过模型联合来进一步阐述这一观点。

模式联合者是由单元的输入层、输出层和介于两组单元之间的调节联结层构成的，模式联合者中间没有隐含层。模式联合者可能是最简单的联想记忆，其目的在于训练网络，并使网络把每一输入模式和给定的输出模式联系起来。模式联合者的训练包括两个阶段，训练阶段和测验阶段。在训练过程中，不同的模型将被逐一呈现，同时，随着学习规则的改变，调节联结层的权重也将发生相应的变动。一旦进入测试阶段，模型联盟的工作取得了良好的效果，即使只有一个特定的输入，输出模型也将随之提升。研究表明，当模式联合者的权重发生改变时，其记忆也会随之改变，并且两者的改变程度完全一致。因此，可以推断，模式联合者的记忆和学习行为具有良好的适应性，即能够根据不同的权重变化作出调整。

依据联结主义观点，在网络中所储存的是与权重相联系的权数，这说明联结主义网络所储存的信息类型与主流认知心理学所说的局部表征模式存在明显的不同。联结主义网络中所储存的权值会重新对其他单元进行恰当说明。因此，联结主义神经网络所呈现的记忆类型实质上是重构性的，而记忆的重构是通过改变网络联结权重的功能，即改变激活模式。

为了说明模式联合者的记忆，联结主义者也引进了与传统的人工智能系统存在差异的"内容寻址"（content addressing）的概念和原则。内容寻址是计算机科学中的一个术语，是指人的记忆把内容保存在不同的地址里，只要有部分的内容就可以按址提取完整的内容。换言之，我们所记忆的材料提供了一个指向保存它位置的地址。以学习为例，经过学习后，甚至在所获刺激不完整的情况下（例如只看到猫头，就可判断这是一只猫）就可以对事物进行判断。内容提取的实例说明部分刺激能激活整个原型或型式（pattem）。就模式联合者而言，即指当给一组输入单元附加一输入模式时，网络就能从输入单元和输出单元的联结中重新获得信息，构成输入单元组成部分的内容与联结权重之值相加，即可决定能回忆起何种信息。这一定义实际上说明，输入的内容决定回忆或提取的内容，即外部刺激影响记忆提取和信息生成。但是，对于输入与网络如何相互作用、相互影响，输入到网络的映射的途径是什么等问题，模式联合者的记忆研究定向尚未给予说明。有学者认为，解决这些问题的办法就是在网络结构中引入隐含单元，并运用不同的学习规则。

3. 对联结主义理论的评价

人的大脑有神经网络，而网络就是神经元的联结沟通。尽管人脑每天都会有大量的神经细胞死亡，但其自身具备的自组织、自适应、自学习及容错性的特点使联结沟通的信息基本保存，而免遭被破坏的厄运。由此可见，基于大脑神经网络特征，即以"心理活动像大脑"为隐喻基础的联结主义理论更接近人类生物脑的现实及功能，其生理、心理现实性是难以否认的，其对人认知活动的解释应具有相当的说服力。联结主义理论正是由于模拟大脑神经网络的一系列特征，从而使其形式网络也具有并行性、自组织性、自调节适应性、自学习完善性及容错性等特征，因此能用来解决很多更复杂的问题，其构拟的联结主义网络模型甚至可完成基于残缺输入的推理任务，并提供问题的解答等，这是流行多时的符号加工理论所无法想象的。联结主义打破符号系统理论一统天下的局面，并为当代认知心理学研究提供了新的视角和趋向，因此获得越来越多学者的重视。

联结主义的网络模型和理念同样为语言心理的研究提供了新趋向、新思想和新方法。有学者指出："联结主义模型为很多语言现象，如词义的灵活性、字面和非字面的模糊界限，提供了一些自然的计算机制。它们还为处理系统的不同成分的互相传递、不同子系统的信息的迅速汇合提供一个可能的机制。"[①]

（五）翻译的联结主义基础及网络信息加工

建立在脑隐喻基础之上的联结主义网络模型及其五大功能特征告诉我们，人脑具有巨大的并行处理能力。这种能力意味着人脑之所以能在不到一秒钟的时间对外界事物作出判断和决策，是因为人的大脑在加工处理信息时以空间复杂性代替了时间复杂性。空间复杂性即指大脑的大规模快速并行处理，或称巨并行处理，这是基于符号表征和计算的认知加工（符号操作系统）难以做到的。联结主义网络的容错性和自学习完善、自适应调节、自联想等功能特征也是符号加工系统无可比拟的。

就外语学习和翻译心理研究而言，联结主义网络模型所假设、模拟的三层神经单元群（输入层、隐含层和输出层）、巨并行加工、分布式表征、亚符号性和重构性记忆类型等，以及其他研究者基于联结主义网络提出的多层次、多模块（既有层次结构，又有模块结构）的神经网络模型（其中的不同模块拥有各自的具体功能，并且模块之间通过神经元的紧密相连也相互联结，以完成网络的整体功能）对从事翻译心理网络的联结主义研究和构拟翻译的立体网络模型提供了全新的思路和趋向。

二、翻译心理学学科架构及发展前景

（一）学科架构的纵向内部系统

翻译心理学是一门跨学科的学术，旨在探索如何将一种语言转化为另一种语言，并通过心理学和翻译学来实现这一目标。它的理论基础包括学科的内在机制，以及学习者的行动策略。它的学习方式既有传统的理论框架，也有现代的实践方法，旨在提高学习者的学习效率，提升学习质量。

在构建翻译心理学的内部系统时，必须充分考虑如何建立一个有效的理论框架，以便为其研究提供明确的方向。此外，还需要明确学科的研究目标，并制订出科学的研究计划，从而使翻译心理学的研究能够更加有效地进行。通过建立科学的研究方法，我们可以更好地完成理论上的计划并获得可靠的结果。

[①] 周昱.联结主义模型与二语习得研究[J].英语广场（学术研究），2014（7）：13-15.

认知心理学构成翻译心理学的主流理论或核心理论，且其相关的研究方法构成翻译心理学的基本方法；翻译学理论、语言学理论及其研究方法为翻译心理学提供了不可或缺的相关理论、研究方法和研究成果。

作为以"心理"和"过程"为研究取向的翻译心理学理应以"语际转换的心理过程"为其学科的研究对象或总体研究目标，认知心理学理论构成实现这一目标的理论基础或指导性框架。

翻译是源语至译语（或目的语）的语码转换，是一头连接输入、一头连接输出的语码信息的加工、重组过程。这一过程大致经历了听话人（译员）的源语理解过程和目标语的生成过程，而翻译心理学要重点研究的是理解和生成发生的心理机制及认知过程。

翻译心理学内部纵向架构图（图3-1-1）的上层展现了与该学科紧密联系的"上层建筑"，而中下层所表现的学科研究目标和研究问题构成了与上层建筑相对应的"经济基础"。显然，上层建筑服务于经济基础，经济基础作用于上层建筑，两者构成了翻译心理学心理过程研究的有机内部系统。除了内部系统，翻译心理学的学科交叉性和"过程"研究的认知多元性又决定了该学科还应与更多的学科发生联系，从而形成本学科的外部系统。

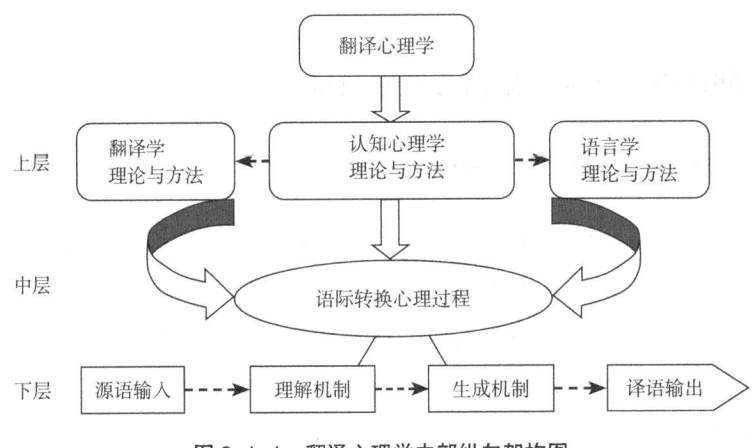

图3-1-1 翻译心理学内部纵向架构图

（二）学科架构的"认知"基础及外部横向系统

翻译心理学外部系统的构建应突出其横断交叉的多维特征。翻译心理学表面上看是翻译学与心理学的简单结合,是研究翻译心理的学问,其中的主题词应是"心理"。而对心理认知的研究又是心理学的主体目标和重要课题,且心理学(尤其是认知心理学)又是构成认知科学的重要组成部分。从这个意义上考虑,翻译心理学应纳入认知科学的范畴。此外,由于翻译的过程涉及语言符号或信息的转换,即双语(理解和产出)的使用过程,而语言的使用是以认知和信息的神经加工为基础的。因此,翻译心理学与语言学和脑神经学有着密不可分的联系,而语言学、脑神经学又是认知科学的主流分支领域。翻译心理学理应成为这些主流学科中的一员,并在认知科学中占据一席之地。确定了翻译心理学的认知科学的成员地位后,我们还有必要了解认知科学的定义、研究对象和研究范围,以期确定翻译心理学的"认知"架构及与其形成横断交叉的相关学科和理论。

  认知科学作为一个概念已有50余年的历史,作为一门"自我描述的广博学科"也有20多年的历史。虽然认知科学作为独立学科所存在的时间并不算长,但它同样经历了一个独立学科所要经历的发展阶段。其发展过程大致表现为三个时期:前人工智能时期、经典符号处理模型时期、联结主义模型复兴时期。然而,进入20世纪80年代以后,学者对认知科学的认识和定义并没有实质性的区别,如认知科学是连接哲学、心理学、人类学、语言学、脑神经学与计算机科学的新学科。它试图建立人脑是如何工作的理论。大部分认知科学研究的指导原则是把大脑视为像计算机一样处理符号,也就是作信息处理的系统。认知科学被标准地描述为这样一种新的研究分支:在对接收、存储、表征和处理"信息"的系统——它们能被称为"智能的"——进行的研究中,联合心理学、人工智能、神经科学、哲学和语言学进行研究的分支。计算机和人脑被认为这样的智能系统的范式性例子,主要认为是解释像感知、记忆、学习和智能行为这样的认知过程在系统中是怎样可能的;认知科学是关于自然的和人工的智能的跨学科研究;认知的科学研究有两个方面:实验心理学和人工智能。前者研究构成人的智能的认知过程,后者研究智能系统的认知。

  我们可对翻译心理学的具体内涵和维际关系等作出如下描述:翻译心理学具有广泛的学科交叉性和综合性。在横向架构图中,位于榜首的是心理学,其余依次是语言学、计算机科学、神经科学和其他领域(诸如传播学和美学),它们与翻译心理学一起构成了一个多维的学科共同体,其中的前四维学科又是认知科学的重要组成部分。这一多维、开放的学科共同体体现了翻译心理学与认知科学千丝万缕的联系。

广泛的交叉性和综合性并不意味着"群龙无首"。显然，在横向架构图中，心理学（这里尤指认知心理学）被放在首选学科的位置，原因之一是20世纪70年代兴起的"认知革命"就是发生在心理学中。认知心理学就其广义而言是指重点研究人类内部的心理过程的一般心理学方法，而狭义的认知心理学又可称作信息加工心理学。从任何一个角度看，认知心理学所说的"心理过程"和"信息加工"都与翻译心理学的研究宗旨和目标紧密相关。因此，将心理学置于榜首也就顺理成章了。

理论维度中的各种理论不仅具有参照性（或指向性），而且具有交叉指导性。例如，本体论的直接参照学科是语言学，但它与其他学科（如语言心理学、生物神经学等）也有不可分离的交互关系，且对它们具有指导意义。再如，认识论的参照学科是心理学、计算机科学和神经科学，但又对语言学的成分维度中的认知语言学、心理语言学，以及其他领域（如美学等）产生交叉影响。理论维度的这一特征不仅为翻译心理学的内部系统提供了广阔的研究视野和科学的论证手段，而且丰富了翻译心理学的理论思想，并有助于确立翻译心理学的科学地位。

第二节 基于认知心理学的英语翻译

认知心理学为翻译研究提供了重要的理论支持，并且提出了许多有效的模型假设。通过对这些成果的深入分析，我们可以更好地理解认知心理学在翻译研究中的作用，并从中发现问题，为翻译研究带来新的见解并作出贡献。

一、翻译过程的认知心理学理论基础逐步完善

翻译学是一门与认知科学密不可分的经验科学，它的研究需要从学科意识和创新意识的角度出发，以寻求理论支撑。认知心理学的研究成果，如感知觉、模式识别、注意力、记忆、知识表征、言语、思维、人工智能等，都强调了翻译过程的过程性和模型性。随着认知心理学的发展，从"输入—存储—提取"中提出的计算机隐喻到人工智能，再到平行分布式加工和联结主义，人们对认知过程的

本质和规律有了更深入的理解。此外，认知心理学的研究方法也为翻译过程的研究提供了一种新的视角，拓展了语用学的范畴。

(一)翻译的单位与编码程序理论

对翻译单位的讨论长期集中在语言学的范畴，没有超越音素、词素、短语、句子和语篇。有学者指出翻译单位是"最小的话语片段"，其全部符号结合十分紧密以至于不能分开翻译。杨坚定运用修辞结构理论论证了结构段（词组或者语块）可作为翻译单位。[①] 与语言学研究视角不同，翻译认知的研究者以"组块"的理论作为基础，将其作为一种独立的翻译单元，以此来探索信息处理的机制。此外，"注意力单位"的理论也被用来描述翻译时译者受到特定任务的影响，会引起注意力的转移，在这种情况下，"注意力单位"的句子也会被记录下来。通过这种方式，翻译单位可以具有动态性。个人在翻译时注意力的集中程度和稳定性会有所不同，并且将视觉刺激与大脑中的模板进行匹配需要一定的处理时间。这种定义在量化上有了进步，可以不再局限于单个词或短语，而是统一以"注意力单位"为指标，比语言学途径的定义更为灵活，更适合进行实证研究，从而更客观地反映译者在翻译过程中的信息。

对翻译编码的研究，德格鲁特（DeGroot）提出了"垂直翻译"与"水平翻译"两种翻译编码程序。在理论上，大脑的语言处理系统由四个部分组成："发音—听觉"系统、语言机制、记忆系统和"概念—意义"系统。垂直翻译指的是原文先被解码，然后经过认知系统的整合，再进行重新编码。这个编码过程首先经过语言机制，其次到达"发音—听觉"系统，再次在"概念—意义"系统中整合，最后再进行编码。水平翻译则是指原文被解码后，接着对记忆系统中存储的相关译语模板或原型进行匹配，以实现翻译目标。"解码—记忆系统—配对编码"是一种用于编码的方法。因此，垂直翻译将原文与译文结合起来，而水平翻译则不需要这样做。水平翻译体现了翻译加工形式上的平行，其"桥梁"是一个记忆系统，其翻译过程体现的是源语和译语通过该"桥梁"进行匹配编码。需要强调的是，不管是垂直翻译还是水平翻译，均有语义编码的参与。

---

① 杨坚定，钟莉莉. 动态翻译单位探讨 [J]. 中国翻译，2004（5）：20-24.

(二)翻译策略理论

翻译策略是一种描述译者在处理翻译问题时的心理过程的工具,可以帮助我们更好地理解译者的思维方式。为了更好地理解翻译策略的本质,我们需要通过实验来分析译者的心理活动。学术界提出了三种不同的翻译策略:基础结构、扩展结构、复杂结构。

翻译策略理论深入探讨了如何有效地处理译者的信息,并且揭示了为什么会出现信息处理延迟的问题。它更准确地反映了译者在翻译过程中的心理状态。

(三)翻译过程的加工理论

1. 自下而上加工和自上而下加工

信息加工的概念早已广泛流传,但是对于知觉加工的讨论从未停止。自下而上加工的观点一直占据着主导地位,强调输入信息的特征,也就是数据驱动加工。自上而下加工则依赖于个体的知识经验、期望和文化背景,在言语理解中发挥着重要作用,也就是概念驱动加工。研究表明,翻译过程是一个复杂的交互过程,既需要从源语文本中提取信息,也需要从上到下进行处理。而对于句法的理解和已有经验的解码,则需要从上到下进行处理。在翻译过程中,通常会同时出现这两种方式。

2. 平行分布式加工(PDP)

平行分布加工认为,认知可以从神经网络中获得,它以一种平行的方式处理信息,这种方式的基础是一系列的单元,它们彼此交互,以及彼此发出激活和抑制的信号。从宏观角度来看,这种平行的处理方式使得信息从上到下的传播变得更加顺畅,从而使得不同的单元或节点能够同时进行有效的学习。PDP 模型是一种新的翻译理论,将语言的信息和意义转换为更简洁的形式,并且可以更好地捕捉语言的复杂性。PDP 模型不仅可以帮助我们更好地理解语言的信息,还可以帮助我们充分掌握语言的复杂性,从而更好地完成翻译任务。

二、认知心理学方法为翻译过程的研究带来了新契机

科学研究应该以系统性、客观性和可验证性为基础,认知心理学家利用先进

的实验仪器,对心理过程进行深入探究,这种科学化的实证研究方法已经引起了学术界对翻译过程的广泛关注。近年来,研究者认识到译者在翻译活动中的重要性,因此深入探究译者的行为特征就显得尤为重要。为此,认知科学和神经科学的技术和设备被广泛应用于测量译者的行为特征,这些技术和设备的运用更多是为了研究译者的行为特征,从而更好地理解译者的行为。

(一)研究方法的扩展

在过去的翻译实验研究中,有声思维法是主要的方法。但是,随着技术的发展,包括有声思维法在内的研究方法已经得到了广泛应用。目前,这些方法主要包括有声思维法、追溯性口语报告法、按键记录法、影像记录法、眼动研究、脑电图、功能磁共振成像技术和正电子发射断层成像技术。

(二)新的研究方法的产生

20世纪90年代后期,按键记录法作为一种新的研究方法被引入,它与有声思维法的结合,为翻译研究带来了前所未有的机遇,而且这种结合的方法可以有效地减少对译者思维活动的影响,从而提高翻译的效率。通过使用影像记录技术,我们可以更加清晰地捕捉到译者的翻译过程,包括他们的语言表达方式、思维方式以及面部表情。"无形的"和"非侵入性"都是该技术的重要特征,可以帮助我们更好地理解翻译过程。除了脑电图、功能磁共振成像技术和正电子发射断层成像技术,神经生理学研究也可以从其他方面获得有价值的信息,而且这些技术的定位精度更高,重复性更佳,可以更好地帮助我们理解翻译过程。

三、认知心理学模型假设更加深入到翻译加工过程的本质

认知心理学翻译理论家一直在努力探索翻译过程,并提出了一些假设模型来支持这一学科。这些模型大致可以分为两类:一类是基于信息加工范式的尼达(Nida)和贝尔(Bell)所提出的模型,另一类是基于联结主义范式改进版的翻译神经网络模型。

(一)信息加工的翻译模型

尼达的"分析—转换—重构"翻译模型极大地改善了人们对现代翻译的理解,

它将词汇的识别、词义的辨析、词与词之间的意义联系等作为一个综合的过程，并且将 A 语言和 B 语言的转换作为一个关键的环节，"转换"则将词义的解释、句子的结构的优化等作为一个综合的过程，而"等值"则更加注重文体的选择、文体的基本特征以及重构文体的技巧。从翻译模型可以看出，尼达引入了信息加工的观点，虽然这个翻译模型十分简易，而且未能反映出译者的心理过程，但是他迈出了从表层静态翻译到深层动态翻译的重要一步。①

贝尔试图将语言学、心理学和信息论的理论结合起来，以更好地描述翻译过程，并反映出译者应该掌握的知识和技能。翻译人员实际上是在"书面的形式"中进行双语交流。在翻译者的认知过程中，"聚合体"被感知到，并通过感知通道进入他们的大脑，然后被转换成"整体"，最终被概念化为"系统"。通过综合分析，我们提出了一个全面、动态、综合的翻译模型，以满足不同的需求。该模型将符号系统与记忆系统相结合，以实现从下到上、从上到下的信息处理。通过语言层的连接，可以实现对视觉词汇的选择、词汇的辨认、感官的刺激、肌肉的反应；从句法处理器、常用的词汇存储、语义处理器和语用处理器的角度，可以实现对话语的理解、短期记忆、长期记忆、知识表示、概念的构建；从语义表达、观点组织以及计划器的角度，可以实现对话语的推理、决策、问题解决以及语言的输出。通过建立一个统一的、有机的翻译模型，我们可以更好地理解翻译过程。

近年来，我国翻译心理学界在认知心理学框架下，基于信息加工范式，提出了一种新的符号加工系统模型，以双语转换过程为核心，将源语输入、感知理解、译语生成和译语输出四个环节结合起来，运用记忆加工系统原理，深入探究翻译过程中的信息加工过程。这一模型旨在探究感知理解和译语生成之间的相互作用，以及它们在工作记忆系统中的影响。

（二）联结主义的翻译模型

神经网络是一种基于联结主义的计算机程序，旨在模拟人类大脑的行为和思维过程。这种程序具有高度的可扩展性、自我调节、自我调整、自我建构和自我思考的特点。它由三个部分构成：感知神经元（输入）、突触联结（隐藏）和

---

① 赵联斌，刘治. 原型—模型翻译理论 [M]. 北京：国防工业出版社，2009.

突触联结的精细加工（输出）。刘绍龙等学者基于神经网络技术，以过程为导向，构建了一种新的翻译信息处理模型，以深入探索翻译的本质。[①] 神经网络技术用于处理翻译信息，它包括三个层次：源语输入层（辨识字符串）、源语符号层（符号—概念）和译语建构层（概念—符号）。源语输入层主要关注人类的感官，如视觉、听觉等；源语符号层关注人类的记忆，以及语言理解能力；译语建构层关注人类的思维，如问题解决、推理等。通过神经生物学的视角，提出了一种新的模型，它能够自主地处理复杂的问题，并且与记忆、思考、言语等多种因素紧密相关，为传统的符号处理提供了一种新的补充与完善。

1.立体层次，隐含模块

"源语输入—符号转换—译语输出"，神经网络模型可以将复杂的翻译信息处理转化为一个三维的立体网络，其中每一个层都包含若干个相关的知识模块，这些模块之间通过神经联系相互影响，从而激活和利用这些复杂的翻译信息处理机制。

2.动态单元，静态模块

神经网络在翻译过程中扮演着重要的角色，它的各个层单元都具有动态的、可扩展的活动空间，成为"来料加工场"的重要组成部分。此外，"加工场"中隐含的知识模块也能够储存相对稳定的知识信息，并能够根据翻译活动的需要随时提供"原材料"。

3.各层分工明确，层际交互影响

翻译神经网络展示了翻译过程的复杂性，它们的各个层次相互独立，但又彼此间有着密切的联系。

4.链接统一，权重不一

通常，神经网络模型中的层内单元没有直接的连接，但翻译神经网络采用了统一的线性连接，这样可以更好地表示知识信息的不等值、不等量，并且可以根据需要进行权重调整。在模型中，虚线和实线的宽度也会影响到各个层之间的权重差异。

[①] 王柳琪，刘绍龙.翻译信息加工的神经网络模型研究——基于认知心理学联结主义范式的思考与构建[J].中国外语，2008（5）：82-88.

5. 分布表征、并行加工和操作互补

分布表征、并行加工和操作互补使该网络模型具有了强大的容错性。该模型出色的容错能力为联结主义范式下的翻译过程研究带来新的思路。

认知心理学是一门研究翻译过程的学科，旨在寻求实验证据来支持这一理论。近年来，认知心理学理论的发展取得了长足的进步，并且理论模型也在不断改进和完善。未来，我们需要加强对翻译过程的理解，并将其与其他领域的研究结合起来。我们还需要结合神经机制的研究成果，提出一些新的实证翻译模型，以增进在这些方面的合作意识和包容性。

第三节 英语词汇翻译中的心理模型

一、研究背景

英汉语互译涉及的两种语言词汇或词语的转换，构成英汉语转换的基本层面，即词的层面和句子、语篇等语言要素及非语言要素，如本族语意图、文化等的转换。我国目前的词语翻译研究者较多地热衷于对词语翻译的认知层面和操作层面的探究。因此，本书通过对认知心理学理论成果——注意理论的阐释来说明词语翻译的跨学科研究或理论应用研究的必要性和可行性，并探索词语翻译的内在转换过程及心理特征。

二、注意理论的相关模型

根据认知心理学的理论，本书将探讨三种与词语翻译有关的模型：过滤器模型、衰减模型和反应选择模型。以期更好地理解和掌握词语翻译的机制。

(一) 过滤器模型

英国实验心理学家布劳德本特（Broadbent）的过滤器模型被誉为早期的注意模型，也被称作"瓶颈"。即使外部环境的信息量非常大，但是由于人类大脑的处理能力有限，因此这种处理方式仍然可以被学者接受。为了确保系统的正常运行，我们必须筛选出一些重要的数据，并将其输入到更深层次的分析中。这些重要的数据会在短时间内被记住,但是会在接下来的时间里逐渐减少或者完全丢弃。因此,"瓶颈"过滤器是必不可少的。"过滤器"的理论因其强调的注意力作用而受到广泛认可,所以被誉为注意力的过滤器模型。[1]

从本质上说,布劳德本特的过滤器模型是一种独特的注意机制,强调新颖的刺激、强烈的刺激以及具有生物学意义的刺激会更容易引起人们的关注,同时被期待的信息也会更容易被重视。尽管有许多新的认知出现,但人们对单频道加工理念的看法仍然不变,而且围绕这一观点的讨论也从未停止过。

(二)衰减模型

特里希曼(Trishman)提出的衰减模型是一种双通道或多通道的理论,基于"非追随耳信息也可以得到高级分析"的实验结果,具有显著的优势。它与过滤器模型有着许多相似之处,尤其是在注意的选择方面,它们都能够发挥出作用。在"瓶颈"模型中,过滤器的位置与其他模型一致,即将信息从低级分析转移到更高级的知觉分析。这表明"瓶颈"模型的目的是将低级信息转移到更高级的知觉分析阶段,以便更好地识别出有价值的信息。

虽然两种瓶颈理论模型都具备一些共同点,但特里希曼认为,衰减模型把"全或无"的方法改变为"衰减",这样一来,就与传统的过滤器模型形成鲜明的对比,也就赢得了双通道或多通道的美誉。他认为,所谓的无关信息,实际上只不过是信号在被忽略的频率中变得弱一些,甚至不太明显。作为注意的早期知觉选择模型,衰减模型和过滤器模型与注意的晚期选择理论模型——"反应选择模型"形成明显对比。

(三)反应选择模型

德意志(Deutsch)等人的反应选择模型与传统的注意模型大相径庭,它强调对于任何刺激或者任何输入通道的信息,都要经过深度学习和综合处理,才能被完整地认识和处理。"反应选择模型"和"后期选择"的理论基于认知的视角,能够识别所有的输入,并且根据它们的重要性,作出相应的反应,从而实现对信息的有效处理。

虽然反应选择模型和知觉选择模型有着明显的区别,但它们也存在一定的联

---

[1] 陆俭明.再议语言信息结构研究[J].当代修辞学,2022(2):1-13.

系，即它们都认为注意是共时分配的，从不同渠道接收的信息可以被同时捕捉。它们之间并非完全对立，而是在信息加工系统中发挥着重要作用。因此，可以假设注意不仅是一种感官选择，也是一种反应选择，而且在不同的情境中，它会有所变化。

三、词语翻译的"注意"过程与心理操作

（一）词汇信息的序列操作与加工

根据早期选择理论的过滤器——衰减模型，我们可以假设词语翻译是一个信息选择的心理加工过程，因为它也经历了语言加工的一般过程，即一头联结语源（刺激）输入，一头联结译语（反射）输出。在这个过程中，首先，语源（听视觉词汇）符号会被"注册"感觉记录器记录下来。其次，这些记录下来的语源词汇信息会被注意机制或过滤器接受。最后，这些被注意的语源词汇信息会被短时记忆的"组织输出"机制所接受，从而形成一个完整的知觉选择过程。完成英汉语词汇的匹配、检索、存储和重组，并进行认知处理，为输出做好准备。

有两点需要说明：第一，"组织输出"环节涉及英汉语词汇信息的匹配、转换以及翻译过程，这些过程包括对语源词汇信息的选择、确定、翻译词汇信息的选择匹配以及翻译词汇信息的视听觉形式的选择，这些都是心理操作的重要组成部分。第二，在进入注意选择机制或穿过过滤器的瓶颈之前或之后，语源词语输入信息仍有可能被过滤出来或自然消失，因为这些词汇的输入刺激不是来自无意的追随耳信息，而是来自其他非追随耳通道，其信息的强度可能会随着时间的推移而衰减或减弱。"选择"或"过滤"是一种有效的词汇翻译信息整合方法，从感觉登记开始，一直延续到最终，从而帮助人们更好地理解和记忆词汇。在翻译出新的词汇之前，可能会有选择性地被选中或被淘汰。

（二）语源词语输入的质与量因素

通过使用理论过滤器模型，我们可以更好地理解英汉语翻译中词语信息的早期选择是客观必然的，并且符合人们的心理需求。换句话说，词汇输入的数量表明源语词汇包含大量的预期信息，并且在经过过滤器处理后仍能保持一定的数量和强度。过滤器提供的词汇输入信息质量高，不仅数量丰富，而且能够有效地激

活记忆中的相关项目，从而更好地完成目标任务和要求。然而，也不能忽视来自非追随者的少量衰减信息对记忆的影响。

词汇是一种有效的信息处理方式，可以帮助人们更好地理解并记住所接收的信息。它不仅可以帮助人们理解"形、音、义"中的词汇，还可以帮助人们更好地理解所接收的信息，例如语法、文化背景、人际关系、组合方式等。内在的、外在的信息构成了一个有效的词汇，这些信息的质量取决于它们对于特定情境的响应程度以及它们易于理解的程度。相关性是指语言学习者对输入信息的敏感程度，取决于输入者的个人偏好、处理方法以及任务目标。而可识别性则表示，当输入信息保持一定强度和适宜的兴奋阈值时，它能够轻松地激活记忆中的相关词汇，从而被准确地识别出来。因此，能够被准确识别的词汇通常都具有较高的可识别性。词语的相似度和可辨认度是衡量其信息质量的关键因素。

（三）词语输入的交互作用与已存记忆

除了外部环境中输入的词汇数量和质量，人脑记忆中的相关信息也是影响过滤或选择的重要因素，比如倾向态度、意义、熟悉程度、上下文等，这些信息都会影响记忆中各个项目的兴奋阈限。此外，外部环境中输入的词汇数量和质量也会影响加工者记忆系统内部已储存的知识信息的数量和质量，这些因素都会对过滤或选择产生重要影响。通常来说，词语输入的信息量与记忆中储存的信息量之间存在一定的关联。随着记忆中已存知识信息的增加，大脑在处理信息时所需的外部输入量也会相应减少；当记忆中已存知识信息的数量减少时，大脑在处理信息时所需的外部输入量也会相应增加。除了信息量的变化，输入信息的质量也会影响大脑对已有知识的记忆能力。输入信息的质量与大脑记忆能力之间存在着密切的联系。当输入的源语词语具有高度相关性和可识别性时，它们不仅能够轻松通过知觉过滤器，还可以节省记忆资源，同时也不会对记忆中的知识质量提出太高的要求。反之，如果输入的源语词语质量较低，那么激活和识别它们就不再是一个问题，甚至可以实现自动化的知觉或反应选择和自动化的译语词语组织输出。

源语输入是为了唤醒人们对某些事物的关注，从而让事物能够被认知。多样性和优质的语言输入能够改变人们对某些事物的认知。比如，它们能够触发人们对某些事物的认知，从而让人们能够更好地理解和记忆。无论来自主动还是被动的语言输入，都会对人们的词汇记忆产生一定的影响。甚至在一些被动的语言输入中，人们仍然可能会被激发，去理解那些具有重要含义的信息（比如自己的名字）。从这一点上看，人类对外界源语言的反应是有选择性的。

（四）译语反应择定

"组织输出"环节让我们深刻地认识到，选择机制对输出机制的影响不容忽视，而"反应选择"和"知觉选择"则可能会对组织输出产生重要的影响。"后注意"环节则是一个更加复杂的信息加工过程，它与注意选择理论及其反应选择模型有着密切的关联，这一点不容忽视。组织的成果不可避免地受到反应选择的影响，这种影响可能是巨大的。人脑中枢的分析机制能够识别各种外界信息，并将它们转化成有意义的反应。这种转化的过程受到反应选择的影响，而反应选择又会导致输出。因此，人脑中枢的分析机制能够根据外界信息的重要性，作出恰当的反应。

基于对两种注意理论及其早期和后期选择模型的认知，我们可以得出结论：与早期选择理论及其知觉选择模型相比，后期选择理论及其反应选择模型更加关注词语翻译过程中信息的选择和输出。在后期选择模型中，大量的源语词语输入信息会被直接记录到短时记忆中，并等待反应选择和组织输出。当重要的源语词语刺激信息被注意到并被选择时，它会立即进入组织输出机制，并在输出前进行组织或重组，直到译入语内部词语信息形成。随着源语词语的不断涌入，组织输出机制必须根据输入词语的重要性来进行排列，以便有效地传递信息。然而，由于反应选择机制的存在，源语中的次重要和非重要词语可能会被忽略。因此，组织输出机制对反应选择机制具有重要的影响，它可以影响或者限制词语反应选择的内容和方式。相比于早期的选择理论，组织输出的反拨作用可能会有所减弱，因为源语词语输入信息在被感知记录器捕捉后，就已经经历了一次高水平的知觉选择，即在达到组织输出机制之前，已经被过滤或者重新筛选过。

（五）译语的强势与弱势信息及其选择与加工

衰减模型假设输入信息可以从"双通道"或"多通道"进入"感觉登记"，我们不仅要关注来自追随耳的"强势"信息，还应该重视来自非追随耳的"弱势"

信息，以便更好地理解输入信息的衰减特性。在翻译中，我们关注的是哪些信息更容易被理解，哪些信息更难理解。多通道假设不仅让我们能够从多个角度审视翻译词汇输入，还能更好地理解来自不同渠道的词汇输入刺激及其处理效果。注意力是一种非常复杂的心理过程，翻译过程中的信息选择反映出译者对原文的理解，以及译者如何通过这种方式来构建适当的语义表达。这种表达能够作为翻译的基础，帮助译者更好地理解原文。源语言的语法选择对语义表达的形成有着重要的作用，甚至会决定翻译者的翻译反应。在翻译过程中，不仅涉及词语选择，还包括句法选择、书写或语音选择（笔译或口译）等心理选择过程。因此，我们需要对来自不同渠道的源语词语输入信息进行理论分析，以了解它们的强弱势信息以及潜在的选择过程的结果。

由于"单通道""双通道""多通道"的源语言输入刺激会受到不同程度和范围的过滤和选择，因此在这些情况下，我们必须采取相应的措施，以确保输入能够被正确地处理。相比于单通道"一次只允许一个通道的信息通过"，双通道或多通道模型能够提供更多的信息，从而使我们能够对其进行更深层次的分析和处理，而这些信息最终也须经受过滤器的筛选。在这种情况下，我们认为，源语词语的重要性取决于它的准确性。例如，准确的源语用词和流畅的语言背景能够帮助译者构建一个有力的词语信息网络。然而，在口译过程中，这些词语的重要性也会对口译者的语言表现和理解能力产生更大的影响。拥有强大的词汇量的信息不仅能够成为传播渠道的核心，也能够吸引人们的关注，从而提升传播的深度和广度。

（六）词语翻译转换过程

通过研究人类认知活动中自动化和控制性两种不同处理方式，我们可以更好地理解早期的选择理论和它的运行机制。本书将探讨的重点话题包括以下两个方面：词汇翻译的选择性处理是否具备自动化的特征，以及不同的因素会对词语翻译的信息选择产生重大影响。

注意是一种认知加工或心理操作活动，它也应该具备两种处理过程或处理方式，以便更好地处理信息。翻译过程中的词语信息处理包括自动化和控制性两个阶段。一些优秀的同声传译员能够快速、准确地将原文翻译成目标语言，使其与目标语言保持一致。如果没有翻译人员精确而迅捷地理解原文，或者说他们能够进行自动化翻译，那么翻译语言的准确性和流畅性就无法实现。翻译语言的准确性和流畅性需要基于对原文的精确理解和迅速翻译。例如，一些译者在翻译"心译"的过程中，会不知不觉地进行一种快速的"看似"翻译，就像视觉翻译中的一样。尽管"看似"的翻译比"心译"的翻译要慢，但是我们也不应该忽略其中的词汇心理处理自动化的可能性。

如果我们承认词语自动化选择加工的存在，那么我们就会关注影响词语翻译信息选择自动化的因素，以及它们的作用。首先，从源语词语的输入来看，我们可以发现，自动化选择加工的原始输入主要来源于追随耳信息，这些信息不仅具有较高的可读性，而且具有较强的可辨识性，可以轻松地被过滤器捕捉，从而获得自动选择或享受"免检"的机会。通过这种方式，我们可以快速地唤醒工作记忆，并有效地完成目标语言和相关词汇的组织和输出。其次，在内部选择加工方面，自动化选择是一个必要的过程，以确保高质量的追随耳强势信息。这是因为，源语词语选择不仅包含丰富的预期信息，而且人的记忆系统也储存了大量与之相关的信息，这些信息可以被自动化选择、识别和加工。

通过对认知心理学的词语翻译转换研究，我们可以探索理论的应用和跨学科的联系，但是由于存在主观臆断，这些理论的实际性和可行性仍需要进一步的研究来验证。认知心理学的研究对于词语翻译具有重要意义，它不仅拓宽了我们的理论视野，还为我们提供了一个新的研究领域。因此，我们期望通过跨学科的系统性研究和大规模的研究，努力将这一课题变成现实。

第四章　功能翻译视角下的英语翻译

功能翻译理论是当代翻译学术中的重要部分。本章为功能翻译视角下的英语翻译，包括功能翻译理论概述、文本功能与翻译方法、基于功能翻译的英语翻译教学三部分内容。

第一节 功能翻译理论概述

一、功能翻译理论的产生

（一）功能主义的起源

20世纪20年代，布拉格学派对语言的功能做了深入的研究，包括语言的交际功能、社会功能、美学功能等。该学派的著名学者马泰休斯（Mathesius）指出，语言产生于人类的活动，同人类一样具有目的性。话语发出者的目的旨在表达，因此应当运用功能主义思想对语言予以分析。[①]

20世纪50年代中期，语言学家乔姆斯基提出了一种全新的形式主义语言学理论，它以批判结构主义语言学为基础，将语言结构作为研究对象，构建一系列的句法规则，以此来推导出各种可能的句子。这种新的语言学理论极大地丰富了语言学的视野，并且为语言学的发展作出了重要贡献。演绎法被广泛认为是生成句法研究的基础，而验证假设则是进一步完善这一理论模型的重要手段，旨在将语言学与自然科学相结合，使之变得更加形式化、可推演、可证伪。此外，受生成句法理论的启发，学术界也提出了一系列新的语言学理论。

20世纪70年代，人们认识到形式主义的研究方法不能解决所有的语言学问题，对语言的研究不能抛开使用者、意义、语境、社会、心理等因素。若不考虑这些因素，则会使一些语言问题无法解释，这样在某种程度上有悖于语言的本质。功能主义便是在这样的背景下产生的。

功能主义语言学关注语言形式传递信息的功能，着重研究语言的各种功能，如语篇功能、社会功能等。王铭玉及于鑫对形式主义和功能主义两种不同的语言观进行了区分：形式主义重理论性、逻辑性和抽象性，功能主义重实用性、修辞性和直观性；形式主义重心理轻社会，功能主义重社会轻心理；形式主义

[①] 杨磊.语言与历史：布拉格学派的作品理论[J].文学研究，2019（1）：174-184.

重视研究句子的结构规则，也就是语言的组合关系；功能主义重视研究语言使用者在意义潜势中的选择，也就是语言的聚合关系。[①]

（二）语言功能的含义与分类

1. 语言功能的含义

功能语言学家尼科尔斯认为语言功能有以下五种含义：

（1）依存关系

两事物之间相关与互动的关系。

（2）目的

"目标功能"指出，两个实体之间存在着一种相互依赖和交互作用的关系，而语言本身也具有特定的功能，即它可以帮助人们实现某些特定的目标。

（3）语境

语境功能是一个重要的概念，描述了一个人或一个组织的思想、行为、情感、态度或价值观。通过语境，我们可以了解一个人或一个组织的思想、情感、态度、价值观，并通过语篇来表达出来。

（4）结构关系

结构关系是一个人或一个组织的思想、情感或价值观。

（5）意义

在现代语言学论著中，"功能"有时与"意义"相等，尤其是语用意义。"功能"研究即"意义"研究。

2. 语言功能的分类

语言功能的分类有很多，其中德国心理学家布勒（Buhler）和美国语言学家雅各布森（Jocobson）的观点较有影响力。

布勒于 1934 年在《语言论》中提出了语言功能的"工具模式"，该模式包括四个因素：语境、说话者、受话者、符号。符号作为一种工具，在不同的情境中发挥着重要的作用。

布勒将语言分为三大类，具体如下：

---

① 王铭玉. 语言与符号：第 8 辑 [M]. 北京：北京航空航天大学出版社，2021.

描述功能：主要用于客观地描述外部世界的事物、状况和事件等。

表达功能：侧重于表达说话者的内心感受、情绪、态度和个性。

呼吁功能：旨在对听话者产生影响，如请求、命令、劝告等。

布勒的语言功能分类在语言学界产生了深远的影响，他的理论不仅影响了许多语言学家，而且也为语言学研究打开了新的视角和思路。

1960 年，雅各布森以其独特的视角，在《语言学和诗学》(《linguistics and poetics》) 中，深入探讨了布勒语言工具模型的六个要素，即语境、信息、信息发送者、受话者、解除渠道和代码，以及六种功能模式，即指称、表情、意动、寒暄、诗学和元语言，为语言学研究作出了重大贡献，为人类的沟通和理解奠定了坚实基础，并阐述了各语言要素之间的关系（信息和语境之间的关系为"表现"，信息和信息发送者之间的关系为"表情"，信息和接收者之间的关系为"意动"，信息和接触渠道之间的关系为"寒暄"，信息和组成信息的代码之间的关系为"元语言"，信息与其本身的关系为"诗学"）。[1]

二、功能翻译理论的内涵与外延

（一）功能翻译的内涵

"功能"强调了对文本和翻译的多种功能的深入探索，"功能主义"则更加强调了以这些功能为基础的多种理论的综合应用。德国学者克里斯蒂安·诺德（Christiane Nord）将"功能主义"概念提升到一个新的高度，即将文本和翻译的多种功能结合起来，以达到更好的效果。功能翻译理论是采用这类研究方法产生的多种理论的一个"广义术语"。从翻译历史来看，功能翻译理论并非产生于 20 世纪。早期的文学作品和《圣经》的翻译者都深知不同的情境需要不同的翻译，因此功能翻译理论的出现为翻译领域的发展提供了重要的理论支撑。西赛罗（Cicero）曾描述过"如果逐字翻译，译文就会显得笨拙，但如果在必要时变更原文的措辞及语序，又似乎远离了译者所应发挥的作用"。有《圣经》译者认为，翻译过程应涉及两个方面：一方面，要忠实地再现原文的形式；另一方面，要针对英语文化读者的需求，对原文做相应的改动。《圣经》的某些部分可能需要通

---

[1] 姚小平. 西方语言学史：从苏格拉底到乔姆斯基 [M]. 北京：外语教学与研究出版社，2018.

过单词或符号来表达，而另一部分可能需要通过语言来解释它们的含义，并且可能会根据读者的需求和期待作出相应的调整。

沃勒·科勒（Werner Koller）提出了一种新的功能性翻译理念，即只有当译文与原文完全一致时，才算得上真正的翻译。然而，由于两种文化的语言使用方式存在着明显的差异，因此一些特定的编码技巧就成为文本构建的关键因素。翻译的目的在于让译文更容易理解，在语用对称的视角下，翻译可能是必要的，甚至是必需的。具体情况下进行一定数量的改写、解释，或者使用其他非直译方法传达原文的隐含意义，可以使译语读者更好地理解译文。沃勒·科勒说："一个译者根据其赋予语言的功能来构思自己的翻译概念，他能从语言的功能中推断出语言的性质。因此，那些仅翻译文本客观信息的译者与那些赋予文本生命的译者对翻译的解释会有所不同。"[1]

英国翻译理论家彼得·纽马克（Peter Newmark）将翻译与语言功能紧密结合，他建议在翻译过程中，应该根据"表达型文本""信息型文本""呼唤型文本"三种文本功能形式，采取"语义翻译"（semantic translation）和"交际翻译"（communication translation）两种不同的翻译方法，以达到最佳的翻译效果。

奈达提出了"功能对等"翻译原则，强调了翻译的重要性，即在保持原文形式的同时，尽量使译文具备超越语言的交际效果。他区分了"形式对等"和"功能对等"，作为翻译的两个重要方面，强调了翻译的重要性，即在保持原文形式的同时，尽量使译文具备超越语言的交际效果。"功能对等"翻译原则的目的是使译文表达流畅，尽量在译文接受者和与其本族文化语境相关的行为模式之间建立联系，而不是要求读者为了领会译文的意思而理解源语语境文化模式。[2]

当代功能翻译理论应以德国的功能翻译学派为主流，其代表人物和杰出贡献者有凯瑟林娜·赖斯（Katharina Reiss）、汉斯·费米尔（Hans Vermeer）、贾斯塔·赫兹·曼塔利（Justa Holz Manttari）和克里斯蒂安·诺德（Christiane Nord）。

（二）功能翻译的外延

既然在"翻译"前面冠以"功能"一词，功能翻译就被赋予了"功能主义"倾向。"功能主义"是一种处世哲学，认为形式应当服从于用途、材料、结构等

---

[1] 姚小平.西方语言学史：从苏格拉底到乔姆斯基[M].北京：外语教学与研究出版社，2018.
[2] 尤金·A.奈达.语言文化与翻译[M].严久生，译.呼和浩特：内蒙古大学出版社，1998.

要求，目的高于一切。functionalism 在《新牛津英语词典》里的解释是 belief in or stress on the practical application of a thing in particular（主张或强调事物的实际用途），特别是在以下几个领域：

艺术设计：主张对象的设计不是从它的美学考虑，而是根据它的功能来决定的，因为实用的设计本身具有内在的美。

社会科学：有这样一种理论，主张社会的各方面都服务于一个功能，它是社会存在的必备条件。

心理哲学：心理状态的形成事出有因，这种心理状态又诱发其他心理和行为方式。

其中，"艺术设计"十分重要且有意义。在"逻辑学"解释和"功能主义"解释中，一再提到"形式"和"功能"，前者强调了两者之间的关系，后者主张形式服从于功能、"形式跟随功能"。如果取后者，那么功能翻译就可以构成如此表述：翻译的形式服从于它的功能。

三、功能翻译的理论基础

20 世纪 70 年代，赖斯（Rice）提出了一种对等的概念，不过她的对等理论不是基于词语或语句的方面，而是基于全部文章的交流沟通的效能上。[①] 赖斯继续使用了布勒在语言功效方面的三分法。20 世纪前期，布勒在语言功效方面的"工具模型"对功效翻译论点产生了深刻的意义，不仅成为赖斯文章种类观点的基础，还是之后弗莱尔说的"目标观点"的基础。所以，有必要对布勒和关联的学术研究人员的语言方面的功效论点进行了解。

（一）布勒的语言功能工具模式

布勒的语言功能"工具模型"内容如下：

语境：语言的"表现功能"，涉及符号与世界的关系。

说话者：语言的"表情功能"，涉及符号与说话者的关系。

受话者：语言的"感染功能"，涉及符号与受话者的关系。

符号：主要含有五部分，即象征、表达人、倾听人、语言情境、言语效能。

---

① 刘军平．西方翻译理论通史：第 2 版 [M]．武汉：武汉大学出版社，2019．

语言情境和言语中的关联表现于言语的信息效能，表达人和象征间的关联表现于言语的神情功效，倾听人和象征间的关联表现于言语的感染效能。

布勒的论点对语言方面的学术研究产生的意义深远，之后很多学者的观点中都含有此理论的特色。

（二）雅各布森的语言功能模式

雅各布森延续了布勒的观点，并在此基础上发表了言语方面的功效模型。雅各布森发表的功效模型相对繁杂，含有的元素较布勒要多，表达形式亦不一样。其模型里面，信息为关联其他元素的核心内容。[①]

语境：信息与语境之间的关系为"表现"。

发送者：信息与信息发送者之间的关系为"表情"。

接收者：信息与接收者之间的关系为"意动"。

接触渠道：信息与接触渠道之间的关系为"寒暄"。

代码：信息与组成信息的代码之间的关系为"元语言"。

信息：信息与其本身的关系为"诗学"。

（三）语言功能观列表

布勒的语言工具模式与雅各布森的语言功能模式对翻译批评和翻译策略的制定有着指导性的意义。赖斯和纽马克都深受布勒语言功能理论的影响，这不但体现在他们对语言功能的认知上面，更重要的是他们把语言功能理论与翻译策略和翻译方法联系起来。

虽然直到 20 世纪末才提出功能翻译理论，但在翻译实践的历史长河中，译者对此种翻译观点早有感悟。比如，许多译者在翻译文学作品时，意识到要根据不同的语境运用不同的翻译方法。有译者指出，逐字翻译的译文有时显得不通畅，若在必要处更改原文的措辞及语序，就超出了译者应发挥的作用。也有译者指出，在翻译《圣经》时，有些地方需要逐字翻译，有些地方则需要将意义翻译出来，有些地方需要根据读者的期待做适当调整。20 世纪 60 年代，奈达在《翻译科学探索》中提出了翻译的"动态对等"原则。"动态对等"是指要在译文中使用最贴近、最自然的对等文本再现源语的信息。"贴近"是指要使译文的信息表达完整、

[①] 刘军平. 西方翻译理论通史：第 2 版 [M]. 武汉：武汉大学出版社，2019.

准确。"自然"是指要使译文通顺、流畅，也就是说要最大限度地接近原文。在翻译评价方面，奈达提出了"读者反映论"，将读者的翻译视为翻译质量评价的标准。动态对等是从读者的维度，而不是从译文形式的维度看待翻译。之后，奈达在《从一种语言到另一种语言》中使用"功能对等"代替了"动态对等"。"功能对等"关注翻译的交际功能，强调翻译的内容和结果。[①]

第二节 文本功能与翻译方法

一、文本功能解读与翻译策略的选择

（一）文本功能解读

文本是一种传递信息和表达情感的方式，可以帮助发送者更好地理解接收者的意图，并且可以根据接收者的需求选择不同的文本类型，以及使用适当的语言手段，以便让接收者能够更好地理解信息。只有当接收者能够准确地理解文本内容时，文本才能发挥其最大的功能。

1. 表达功能

表达功能指文本对客观世界的人、事、物的一种情感表达和主观评价。有的学者把文本的表达功能局限于文学或诗歌的美学含义，有的学者却认为严肃的文学作品、名人演讲、个人日记或私人信函等文体都有表达功能。表达功能有以下子功能：

评价功能：发表对某事的评价，如报纸、期刊的社论等。

抒情功能：抒发作者的情感，如感叹语、诗歌、日记等。

美学功能：用语言构造意象、人物形象，用语言自身结构、修辞、音韵来制造美学效果、取悦感官、展开想象，通常出现在小说、诗歌、散文中。

诗人金昌绪的《春怨》："打起黄莺儿，莫教枝上啼。啼时惊妾梦，不得到辽西。"没有正面描写独守空房的少妇对远征丈夫的无限思念和对战争的怨恨，而是选取"打起黄莺儿"的意境让读者展开丰富的想象：可能这是一对新婚夫妇，他们正当青春年少，情意缠绵，可是丈夫远征辽西。在春意盎然的季节，少妇日

---

① 尤金·A.奈达.语言文化与翻译[M].严久生，译.呼和浩特：内蒙古大学出版社，1998.

夜思念丈夫，希望能在梦中相见，得到一点儿安慰，可是不知趣的黄莺儿偏要把她闹醒，更可恨的是那些穷兵黩武的统治者，是无穷的战争把他们拆散。

寒波澹澹起，白鸟悠悠下。

春潮带雨晚来急，野渡无人舟自横。

雨中黄叶树，灯下白头人。

日暮苍山远，天寒白屋贫。

柴门闻犬吠，风雪夜归人。

北风卷地白草折，胡天八月即飞雪。

忽如一夜春风来，千树万树梨花开。

这些诗意的文字投射到视觉便会感觉栩栩如生，这似乎是眼前真实物体的再现，伸手可及，这种意象词汇有的即使在语序打乱的情况下，其意象也不会改变，体现一种极强的美学功能。

表达功能是一种沟通方式，可以帮助人们更好地理解他人的想法和感受。然而，由于不同文化之间的差异，人们的价值观和情感可能会有所不同，因此在跨文化交流中，人们的价值观和情感可能会因为不同的文化而有所不同。源语文本的表达功能应当基于目标文化的价值观念，而不是仅局限于某一特定的概念。如果源语中使用了情感或表达类的形容词，就可以被视为一种明确的情感表达。

2. 信息功能

信息功能是一种描述客观世界的方式，旨在向读者提供有关信息，改变他们的认知状态。根据文本的内容和目的，信息功能可以分为多个子功能。

告知功能：即向读者提供有关某一事件或物体的实际情况，例如产品的销售情况等。

元语言功能：是一种特殊的语言技能，可以帮助我们更好地理解、命名和评判事物的本质。当我们无法完全把握事物的本质时，元语言可以帮助我们重新解释它，比如 strictly speaking、literally、so called、by definition 等。

指示功能：是一种强烈的交际意图，可以提醒读者做某事或不做某事，从而达到最佳的交流效果。这种功能通常出现在教育性文体中，如说明书、安装操作程序、旅游指南、标示语、技术培训材料等。

教导功能：指一门学科的论述，如营销学。

信息功能是通过词语的含义来实现的，指向客观世界或虚拟世界的物体。要实现这一功能，接收者必须能够将文本中的信息与周围的客观现实联系起来。由于客观世界受到接收者文化和物理环境的限制，因此不同文化背景的接收者对同一指称可能会有不同的理解。

3. 寒暄功能

寒暄功能是一种传递信息的方式，可以帮助人们建立联系、维护关系或者结束对话。寒暄的形式可以是语言的、非语言的或副语言的，比如几句有关天气的对话，或者一句谚语作为旅游信息文本的开场白。

使用异乎寻常的方式来打招呼会让人眼前一亮，人们会认为作者的这种做法一定有着独到的原因。如果"提供联系"中的礼貌性问候的方式与大众的习惯性礼节存在差异，那么它的本质意义就可能变得模糊，只剩下了一种指代、表达或是要求的意义。因此，寒暄的效果取决于它的表达方式是否与传统习俗相一致。有时候，某种语言的表述方式会与传统习俗相悖。

寒暄言语的另一个特征是经常被用来解释发话者和受话者之间的关系（正式的或非正式的，对称的或不对称的）。

除一些纯粹寒暄用语外，几乎没有文本的功能是单一的。可以通过分析言语的或非言语的功能标示来识别功能的层阶。

4. 移情功能

"移情功能"通常被翻译成"呼唤功能"，这意味着有些文字可以通过引起读者的共鸣、激励和启示来帮助他们更好地理解和体验文章。"移情功能"还可以通过增强读者的情感体验来提高他们的阅读效果。若想让一个事例有力地证明一个假设，则需要唤醒读者先前积累的经验和知识。而这种唤醒，需要文字中所蕴含的情感，以及其所传递出来的主观评价，以此来激发读者的情绪，从而使其产生共鸣。

如果读者被译者的情绪所左右，就有可能损害作品的原有风格，削弱其中蕴含的民族文化元素，从而给人一种与众不同的印象。

例：My aunt, however, took all possible care of him; had all the doctors in town to prescribe for him; made him take all their prescriptions, and dosed him physic enough to cure a whole hospital.

（我姨妈对他的照顾真是无微不至，为他开方诊治，镇子上半数以上的郎中都请过，又让他按照他们的方子一一服药。他服过的那些丸散膏丹，把一个医院的病人治好都绰绰有余，可他的病不见任何起色。）

在本次翻译中，译者似乎把自己的思维带入到了中国的文化中，并且大量地引入"郎中"和"丸散膏丹"等中国传统的汉字。尽管这样做让中国读者更容易理解，却削弱了原文本身的文化内涵，使得它们失去了本来的魅力。显然，如果翻译人员过于感性化，就会对翻译的质量和效果造成负面影响。

在跨文化交流中，移情是一种重要的语言技巧，可以帮助我们更好地理解对方的文化背景。然而，将源语的移情功能完全移植到目标语言中可能并不会带来同样的感染力。因此，译者应该适当地调整源语的移情功能，使其更容易被目的语言所吸引。

（二）翻译策略的选择

要选择合适的翻译策略，需要对文本的功能进行正确的把握。关于如何区分文本的功能，学者曾给出过许多不同的方法。其中，赖斯在布勒建立的语言功能工具模式的基础上提出的文本分类方式能够很好地解决这一问题。其倡导按照文本的交际功能对文本进行分类。语言学家韩礼德（Halliday）认为布勒提出的语言功能三分法是以哲学家柏拉图（Plato）的第一、第二、第三人称概念模式为基础的。在语言使用中，第一人称"我"用来表达主观，第二人称"你"用来表示对行动和反映的呼吁，第三人称"它"用来描述、展现客观的事件和事实。这种方法的目的在于从语言的外部，即语言的使用，分析语言的功能，构建出超语言的概念框架。这种语言功能模式下的语言功能等同于语言使用。

根据韩礼德的理论，语言学家雅柯布逊提出的元语言功能和诗学功能实际上强调的是语言内部，即语言本身的功能，而非语言的使用，与布勒提出的从语言外部来分析语言功能的模式存在区别。[①] 在布勒看来，语言的信息、表情以及感染三项功能等同于语言使用。因此，在翻译过程中进行的文本分析归根到底是对语言在特定语境下使用情况的分析，根据语言功能来选择翻译策略。[②]

表情型文本具有美学意义，属于"创作性作品"。在这一类文本中，要求信

---

① 韩礼德. 功能语法导论[M]. 彭宜维, 译. 北京：外语教学与研究出版社, 2010.
② 姚小平. 西方语言学史：从苏格拉底到乔姆斯基[M]. 北京：外语教学与研究出版社, 2018.

息的发送者自主创设主题，然后利用语言的表情与联想意义，有意识地阐发主题。

信息发送者通过"艺术性塑造"和"创作性作品"，将对现实的态度、情绪以及情感表达出来，在表现手法上采用修辞、韵律以及文体等，增强审美效果。

信息型文本是为了阐述信息、事实以及观点等。这一类文本通常具有很强的逻辑性，在语言上较为朴实，内容往往建构于句法层面，即语义中。

感染型文本强调对读者起到的效果，通常是为了说服或者感染读者采取某种行动，在语言上往往有对话的性质。这一类文本常常使用祈使句，如"请勿吸烟"，以起到说服的作用。

在翻译文本的时候，我们不仅要掌握语言的基本特点以及理解文章的内在含义，还要熟知翻译的各种方法与技巧。翻译人员要根据实际需要随时调整翻译方法。

在翻译信息型文本的时候，翻译者要特别注意不能随便变更语义，应与原文保持对等，而且在面对概念性问题和重要信息时，最好逐字翻译，不得出现偏差。

在翻译有关社会意义的内容时，翻译人员的处理要非常小心，不能任意篡改或遗漏。

对于感染型文本（包括诺德说的直接感染型、间接感染型和韵文感染型文本）翻译应采取"适应手段"（自我适应方法），突出感染特征。适应性方法是基于不同的语境、不同的翻译目的，采取不同的翻译策略和方法。

感染型文本的主要功能是感染受众，而不是无条件地为他们提供信息，译者应把译文的效果作为处理的重点，而非信息内容。总体来说，译者在处理感染型文本时，为了取得预定的译文效果，可以采取灵活的策略。

二、功能翻译的目的性原则

传统的翻译观念强调忠实于原作，尊重原作者的意图，尽可能地使源语和目的语的形式和内容相同。然而，功能翻译观念认为，翻译的最高原则是目的性原则，即翻译的形式取决于翻译的目的，而目的又决定了翻译的方式。德国功能派创始人韦米尔（Waymine）在解释"目的论"时直截了当地说："每个文本为特定的目的而产生，而且必须为这个目的服务，目的性原则可以解释为笔译也好，口译也好，讲话也罢，写文章也罢，它们必须在所使用的场合发挥作用，对那些利用它们的人发挥作用，并且能发挥他们想要发挥的那种作用。"[①] 韦米尔的这段话为"自由翻译和忠实翻译""直译和意译""动态对等和形式对等"等多种语言和文本问题提供了一种新的解决方案，他指出，翻译任务可以是自由翻译，也可以是忠实翻译，但是最终的结果取决于翻译者、读者和使用者的需求，而不是原文本身。

一般来说，翻译行为的直接产物是语言（书面语或口头语），交际对象是以视觉或听觉为基础来接受译文的。译者在组织文本和话语时，要顺应和方便接收者。语言的表达是交流的关键，在进行交流时必须以听众和读者的需求为出发点。因此，译者需要使用他们喜欢的语言来传递原文的内容，并尽可能地符合目标语言的规范和风格，使得翻译的语言更加简洁、明了，减轻读者的理解负担，加快信息的传递速度。纽马克提出了"交际翻译"和"语义翻译"两种不同的翻译理论，以便更好地理解翻译语言的表达特点。他认为"交际法"的重心偏向于读者，关心的是另一类语言文化形态中的信息接收者，是一种主观性很强的翻译手段，与"语义法"相比，信息集中，重点突出，表达顺畅，可读性强。在交际翻译中，译者有权理顺和改进逻辑关系，用优雅的功能句法替代笨拙的结构，化解含混与歧义，消除啰唆，从模糊的解释中确定一种解释，明确抽象宽泛词语的所指范围，规范晦涩的个人语言，采用脚注的方法来纠正错误的客观事实和口误，在语义翻译中通常不会采取这种更正和修饰的方法。

但是，承认译文接受者或使用者是目标文本的决定因素，并没有排除直译和逐字逐句翻译的可能性，并不是一味地强调译文非要遵循目标文化的规范和语言形式，在很多情况下，直译恰好是目标读者或使用者所需要的。例如，有人想读原文作品，又希望有译文对照，这种译文就要尽量接近原文，才会对读者有帮助。总之，目的不同，译文可以有不同的种类。文学名著因时代不同而有不同的译本适应不同时代的需要，如《荷马史诗》的英译本就分为 17 世纪、18 世纪、19 世纪和 20 世纪的，而且即使在同一世纪也有不同的译本。译者根据使用者的实际需要，再现原文的语言风格、格式和内容也是功能翻译的一种手段，因为它满足了特定人群的实际需求。

功能派认为，翻译是把源语文本生成功能性目的文本的过程，其中源语文

---

① 刘军平. 西方翻译理论通史：第 2 版 [M]. 武汉：武汉大学出版社，2019.

本是按照目的语文本的意向或需求功能（翻译目的）确定的。如果一种文化、一种语言结构移植到另一种文化环境后，没有生存的空间，就没有引进的必要，即使引进，最终也可能遭遇淘汰。因此，在翻译中必须对移植的文化加以改良。在德国功能派看来，翻译是一种交际行为，行为具有强烈的目的性；翻译着眼于目的文本的功能，不是束缚于源语文本的规定；文本在当今社会中扮演着重要角色，它们可以影响我们所处的环境。它们并非静态的、单独存在的语言样品。翻译是一种人与人之间相互影响的过程，其中包括许多其他因素，例如委托人、源语作者、目标文本接收者、接收时间、地点和传播方式。翻译工作既包括对语境中语言的理解，也包括对语言本身及其表达方式的理解。在进行翻译时，译者必须遵循语境中语言本身及其表达方式，并结合语境中语言本身及其表达方式，以达到我们预期的目标。译者不仅要遵循语境中的语言，还要积极参与语境中的语言本身及其表达方式的讨论，以便更好地理解语境中语言本身及其表达方式。这样的改变导致"文化在场情境"的权威地位被削弱，因为它与来源语文本和目的语文本有着本质的区别，来源语文本是基于来源语文本，它们所表达的价值观、生活方式、宗教信仰都是独一无二的，这些差异使得人们对这个世界有着不同的看法。由于语言的差异，A语言的传播者传达出的内容可能与B语言的传播者的期望有所出入，因此导致传播的内容可能与期望的结果存在差异。

第三节 基于功能翻译的英语翻译教学

一、基于功能翻译理论的英语笔译教学

（一）笔译的场景要素和界定

1. 笔译的交际场景要素解析

笔译的定义包括笔译交际场景所含的所有重要因素，除了时间、地点、交际动机、理解条件，主要还有源语语篇的作者、翻译任务的委托人以及他们各自的交际意图，译语语篇的接受者及其期待，译者自身。下面具体说明笔译交际场景的各个要素。

（1）作者

源语语篇的作者可能就是翻译委托人，可以真名也可以匿名。源语语篇的作者在文章中表达一定的看法，他给源语语篇赋予了某种功能，并认为接受者有能力在自己理解的前提条件下体验这种功能。

（2）委托人

翻译委托人提出完成译语语篇的翻译任务，他也赋予了译语语篇一定的功能。最重要的是，确定译语语篇对其读者是否具备与源语语篇对其读者同样的功能。翻译委托人可能是源语语篇的作者，也可能是译语语篇的接受者，还可能是第三者（如出版社）。在翻译教学过程中，教师就承担了翻译委托人的角色。

（3）翻译任务

翻译任务包括确认交际伙伴（作者、委托人、接受者）的交际需求（译语语篇的功能）和确定完成译文的条件（时间和形式，以及委托者交付原文和翻译者交付译文的其他条件）。翻译任务也是翻译者在选择翻译对策时决定译文特点的根据。

（4）源语语篇

源语语篇是翻译者完成译文的基础，是翻译者确定翻译对策的总原则和具体操作方法的参照根据。

源语语篇大致可以分为四种：为源语和目的语的交际群体中潜在一致的接受者拟写的语篇（如专业语篇）；专为源语的交际群体拟写的语篇（如讽刺小品）；主要朝向源语，潜在的也是朝向译语的语篇（如畅销书）；本来就是专为译语接受者拟就的语篇（如某些广告语篇）。

（5）翻译者

翻译者需要根据源语语篇作者的意向和翻译委托人的意图写作，通过语篇分析尽可能地弄明白原作者的意向，然后对源语语篇进行翻译。翻译者面对的是不同的语言和文化特征、不同的语篇种类以及接受者不同的理解前提条件，所以翻译者也要根据不同的交际场景条件，采用各种不同的方法，去解决不同的翻译问题。

（6）译语语篇

源语语篇内容用译语重新成文的结果就是译语语篇。译语语篇也是处在一定的特殊交际情境之中，由接受者作为整体来理解的表述，带有一般的文化特点和特有的语言特点，传达各种各样的信息，它只服务于译者与异语言和异文化读者之间的交际。因此，译语语篇要符合读者对语篇的一般要求和对有关语篇类型的具体要求，是按照读者的需要和期待来完成的。

（7）语篇功能

语篇功能与作者的意图有关，但主要还是由读者赋予的。一方面，读者按照语篇的结构形式来判断，这可以从语篇类型特有的、反复出现的语篇结构范式看出来；另一方面，语篇功能取决于读者如何看待这个语篇（对语篇的期待、要它有什么用）。对于翻译来说，源语语篇的功能可能和译语语篇一致，也可能不同。

（8）忠实性

在翻译实践中，译者的忠实性是多维度的，忠实的取向侧重是可能变换的。因此，必须通过其工作实现委托人的意图，必须保证满足译文读者对译文应有功能的期待，必须忠实于源语语篇的作者。译者决定源语语篇中什么不能变，什么能变，什么必须改变，决策时始终要考虑到译文的目的。

（9）接受者

翻译者对译语语篇的接受者越熟悉，就越能进行更好的翻译。他可以通过译语语篇接受者的年龄、职业、文化程度、社会地位、对相关领域的已有知识、对源语语言和源语文化的了解与否和可能的熟悉程度等，推导出接受者对译语语篇的期待，交付一份"量体裁衣"的译文。

在实践中，翻译者不知道接受者是谁而必须要以假设的"平均水平的接受者"为对象。

（10）笔译的外在条件

译文的特点不但受译者个人主观翻译能力的制约，还受译语语篇产生过程的外在条件制约。外在条件包括源语语篇的存在形式，必须完成译文的时间，是否具备相应的辅助手段，对译语语篇的形式要求（纸版还是电子版）。

2. 笔译的界定

笔译可以被划分为三个主要类别：社会科学、文学艺术、科学技术。然而，还有其他更细致的划分方式。例如，奈达将笔译划分为商业、政治、技术和文学四个类别。

通常来说，笔译的过程包括对原文的准确理解和使用新的语言重现原文的能力。这个过程可以分为三个部分：理解、表达和校核。笔译的标准一直是一个存在争议的话题，但通常认为应该注重传递原作的内容，使翻译清晰易懂。对于笔译人员来说，需要具备多方面的能力，例如，较高的本地语言和外语水平，丰富的基础知识，了解相关国家的背景信息，良好的政策和理论水平，以及优秀的翻译道德和风格等。

（二）笔译教学的要求与条件

1. 笔译教学的目的理论

笔译教学的主要目的是培养学生的翻译能力，所以应当以翻译学理论的思考为基础，从笔译的实际流程出发，顾及笔译职业工作的特点，通盘考虑教学法与方法论。

笔译教学法不仅关系到笔译理论，还关系到一般的教学理论与教学法，关系到语言研究，而且也关系到教育学。笔译教学的主要目的体现在以下几个方面：

第一，以提出挑战性目标的形式，提高学生学习的积极性，需要注意的是目标不能过高，也不能过低。

第二，在学生原有的学习基础上，带给学生新的内容，并巩固原有的基础。

第三，以带着学生解决问题的方式，增强学生面对问题、提出问题的自觉性。

第四，学生应当有解决问题的意识，并能够越来越好地解决问题，办法就是在先天能力的基础上补充知识。

第五，教给学生解决问题的方法，这些方法应当是来自个人和他人翻译实践的经验，并有较为系统的理论支持。

第六，由于影响教学的因素较多，具体的目标还需要教师根据自己设定的教学目标和要求、学生的起点和条件独立决定。

2. 笔译课教师应具备的条件

笔译课教师应具备的素质体现在以下两个方面：

第一，具有尽可能多的笔译实践经验。

第二，具备扎实的语言学知识、翻译学基础知识。

在以语用学与交际理论为基础的功能翻译学的思想指导之下，以上对教师的要求意味着教师的地位、角色、作用和任务的转变。其主要体现在以下几个方面：

第一，教师不再是掌握和传播唯一正确译文的人，而是为学生提供帮助的人。在对源语语篇的理解和分析、适宜的译语语篇的撰写、翻译结果有根有据的评价过程中，他要给予辅导和咨询，进行协调。

第二，根据不同的需求，扮演不同的角色：像学者一样阐述翻译理论问题、像翻译公司的负责人一样发布翻译的委托任务、像笔译者一样分析和执行翻译任务、像翻译公司的编辑一样评价和审改他人的翻译作品。

第三，要结合练习，向学生传授理论知识，为学生面对当前或以后类似的情况下的同类问题提供决策方法和解决问题的途径。

第四，要有能力说明教学方法和步骤的理由，从练习材料的选择直到对学生译文的修改和评价。

第五，要保持翻译实践的实际操作，主动积极地不断自我进修，尤其是不断改进笔译的教学方法。

3.笔译课学生应具备的基本素质

笔译课学生应该具备以下基本素质：

首先，具备按照规则来行动的一般能力，如分析能力、决策能力和判断能力，以及创造能力等。

其次，掌握比较丰富的母语和外语的语言和文化知识。笔译课程的主要任务不是传授外语语言和文化知识，而是传授笔译者把一个源语语篇适宜地译作译语语篇所需要的专门的熟练技能，具体如下：

第一，对笔译任务有把握地解读。

第二，有效的源语语篇分析。

第三，有目的地查阅调研。

第四，迅速地了解新事物、进入新领域。

第五，有把握地估计委托人、作者和接受者的需求和期待。

第六，相应地选择适合的笔译对策。

第七，熟练地完成页面、段落和字体的编辑任务。

在笔译教学中，教师要明确区分和界定学生在笔译各个阶段的具体任务和技能，确定提高这些相关能力的练习形式和练习内容。

二、基于功能翻译理论的英语口译教学

（一）口译的界定与诠释

口译是一种翻译活动，是指译者以口语的方式，将译入语转换为译出语的翻译。口语翻译，也就是在讲者仍在讲话时，同声传译员便"同时"进行翻译。

口译定义的要素包括源语作者、源语语篇、译语语篇、语篇功能、忠实性、翻译任务委托人、接受者、译者、翻译条件和翻译任务等。

口译的特点：一是在口译时通过对源语语篇的分析找出作者意向的可能性受到很大限制；二是产出的不是书面语篇，而是口语语篇。

（二）口译教学的要求和条件

1. 口译课教师应具备的条件

口译教师应该具备以下六方面素质：

第一，能够独立完成口译课的课程设置、规划、实施、更新和改进。

第二，拥有出色的母语和外语能力。

第三，精通翻译学理论。

第四，拥有丰富的语言学知识。

第五，拥有出色的教学技巧。

第六，具备较高的教学业务能力。

作为一名口译教师，需要不断努力，以便能够独立地完成课程的设计、执行、维护和改进。口译教师需要拥有丰富的口译实战经验，并且熟练掌握翻译学的基础知识，以便将这些知识运用到教学实践中。

口译教师在整个口译教学过程中，需要协调、创造一个有利的学习环境，让学生能够自主学习。教师可以根据实际情况扮演不同的角色，在适当的时机向学生传授必要的理论知识，并且详细描述自己的教学计划。教师在教授口译课程时，必须紧密结合实际情况，不断提高自己的口译技能，积累丰富的实践经验，并参

加各种专业培训，包括口译教学法和其他技能培训，以提高学生的口译能力和素养。

2. 口译课学生应具备的基本素质

口译课程的重点不仅包括提高学生的外语水平，还包括培养他们的母语能力。此外，口译课程还会着重培养学生的语言文化能力，以便他们能够胜任口译工作。

（1）语言文化能力

口译课程的成功与否，不仅取决于学生的外语水平，还取决于他们的语言文化能力。学生需要掌握多种语言，包括母语、外语和相关的文化背景。这些能力对他们的工作能力和技巧都有很高的要求，特别是在听力理解、口头表达和词汇量方面。为了胜任口译工作，他们需要具备扎实的语言基础。

（2）个人基本素质

智力素质：良好的记忆能力、逻辑思维能力、分析解意能力和应变反应能力。

心理和生理素质：高度集中注意力的能力、敏锐的听觉、合适的声音音质、记忆力好、办事果断、有耐力、有恒心。

职业道德方面的素质：具有高尚、忠诚、稳重、谦虚的品格和大方素雅、洁净得体的仪表；从容镇定，言语得当，举止得体；保守机密；团队合作能力。

学生应该在自身原本具备这些能力的基础上，通过学习和练习完善自己、提升自己。

第五章 文学与美学视角下的英语翻译

自跨语言交流在人类社会出现以来，文艺翻译一直是翻译活动中的重要方向。本章主题为文学与美学视角下的英语翻译，包括文学视角下的英语翻译、美学视角下的英语翻译两部分内容。

第一节　文学视角下的英语翻译

一、理学追求——内在的逻辑关系梳理

"理学"的目标是让译者在翻译过程中保持清晰的逻辑思维，并能够深刻理解作品的主旨和内涵。这种理解和认知的方向和深度对翻译的效果和质量至关重要。

（一）做好主题思想的宣讲与介绍

1. 主题思想与文化的关系

中西方文化具有差异，如何在翻译的过程中准确地表达出作品的核心内容是一个非常重要的问题。例如，当翻译《特洛伊战争》时，译者应该充分了解该故事的历史、社会和文化背景，培养出"同理心"的换位思维能力，以便更加准确地表达出该故事的核心内容。由于文化差异，翻译工作面临着巨大挑战，因此译员必须拥有出色的文化理解能力和交流技巧。为了成为一名优秀的翻译人员，应阅读中国的传统文学作品，例如《东周列国志》《三国演义》《水浒传》《史记》等。这些作品能够为译者提供丰富的中国文化背景的信息，帮助译者更好地理解并翻译相关作品。翻译"英雄主义"和"野蛮行为"时，译者必须清楚地意识到，由于中西方文化的不同，因此作品可能会引发激烈的辩论和争议，甚至可能会产生不同看法。例如，《飘》和《红楼梦》的女主角是否有着脆弱和坚强的性格？两种爱情的表现形式是否有某种共通点，或者它们之间存在某种难以跨越的障碍？要想了解这些具有深远影响的话题，译者需要更加深入地思考并理解它们，从而找到适合的人生感悟。因为中外文化的差异巨大，每个国家的文学作品都有其独特的背景和哲学思想，所以要想真正领会这些作品的内涵，就需要从多种角度进行探索，这一过程既复杂又艰巨。

2. 主题思想与个人理解认知的平衡

"一千个读者就有一千个哈姆雷特"，对于英文作品原著的理解和认识必然

存在着各种差异和不同,翻译可能会带来许多不同的理解和认识,甚至可能会引发严重的争议。在翻译作品时,译者必须谨慎地处理作者的主题思想和译者个人理解之间的平衡。在翻译"先入为主"时,译者会不经意地将自己的情感和认知融入作品中,这种情感和认知会对翻译结果产生重大影响。译者在翻译"先入为主"时,应该特别注意自己的情感和认知。

在翻译《傲慢与偏见》这部经典名著时,译者必须清楚地表达出自己的态度,是全面支持主人公,还是以辩证法的客观分析,或者是基于对完美的追求而进行挑剔和批评。每一位译者都在努力建立一座桥梁,将自己的情感和认知与原作者进行沟通,而这座桥梁的宽度和长度取决于个人的理解和体验。如果两个人能够建立起一座宽敞而坚实的沟通桥梁,那么,他们的思想就能够跨越时空的界限,建立起一条高度默契的信息传递渠道。相反,如果两个人之间的沟通出现了问题,那么这可能就会对翻译产生严重的负面影响。通过阅读作者的作品并了解他们的生活和经历,译者可以获得有益的信息,从而促进翻译领域的发展。

(二)做好逻辑关系的铺展与陈述

首先,要建立一个完整清晰的作品脉络认知。仅具备良好的语言能力是不够的,翻译工作需要更多的技巧和分析能力。为了完成翻译作品,译者需要进行深入的故事阅读和分析,建立客观的人物关系、逻辑关系和事物关系。同时,还需要加入自己的个性化理解,并确保这种理解与原著主旨相符。翻译经典英语原著时,译者需要深入了解故事的情节和人物关系,并以此为基础进行分析和推理。这些原著通常都拥有宏大的故事框架,包含丰富的内容。因此,译者需要在保持专注的同时,对故事进行全面的理解,以便更好地呈现出译文的独特魅力。如果我们把翻译看作一种仅依靠译者精确地翻译原文的过程,那么这种做法就会忽略它的重要性,并且变得毫无意义。翻译是一项艰巨的任务,需要译者与原文进行深入的心灵沟通,以便于理解"行云流水,自然而然"的内涵,并以此为基础,创造出更加丰富的语言表达。只有通过这种方式,翻译的译文才能达到更好的质量,更好地发挥其价值。

其次,真正理解作品的复杂逻辑关系。这些关系具有哲学意义,并且需要通过多种推理方式清晰准确地翻译和论述。这样才能避免出现混淆和歧义,消除误解。《时间简史》就是一个很好的例子，如果没有逻辑分析能力，单纯依靠语言文字是无法完成"通译"的。翻译一部充满哲学思想和复杂逻辑的作品，需要译者具备出色的逻辑分析和情节推理能力，否则在翻译过程中，将无法准确把握多元空间、多元要素以及多元时间的综合解读，从而无法将故事的精髓完美地呈现给读者。从逻辑的角度来看，"人同此心，心同此理"是一个不可否认的事实，尤其是对于大受欢迎的中文科幻小说《三体》来说，其中复杂的逻辑关系对于母语者来说阅读起来可能会有一定的难度，而如果将《三体》翻译成英文，那么，以英语为母语的读者将面临更大的挑战。因此，翻译工作的成功取决于译者能否将数理逻辑思维提升到一个新的高度，使其具备能够在复杂的情境中进行有效翻译的能力。

二、文学追求——外在的语词选择与修饰

"理学性"强调译者需要具备出色的逻辑分析和辨别能力，而"文学性"则更加强调译者应具备出色的语言运用能力，以便更好地表达出原文的意思。

（一）主题思想与词句的关系

通常情况下，译者了解故事背景并拥有思维能力，但在翻译过程中会遇到许多挑战。为了让译文更接近原作的风格，译者不断寻求新的方法来提高翻译质量。在翻译时，译者必须确保所使用的词汇能够符合原文的语言特点，还必须确保每个部分都能够按照原文的主题来进行，并且能够以一种统一的语气和语调来表达。比如，在喜剧《威尼斯商人》和《亨利四世》中，译者就需要明确用具有喜剧色彩的词语和文笔去进行故事的阐述，使其在讲述故事的过程中，自然表现出喜剧的特征，因为即使是同样的含义，使用不同的词语，效果也是完全不同的。例如，在句子中用"混蛋"还是"调皮"或者是"文静"还是"内向"来描述一个人，其效果是完全不同的。再比如，在悲剧《李尔王》《麦克白》中，其语言的风格则又是完全不同的。译者如果将喜剧和悲剧两种语言进行混用，则会直接影响翻译的效果。

（二）具体词汇的甄别与筛选

在翻译工作的研究历程中，"信、达、雅"的理念已经深入人心，但要想真

正理解"三字真经"的精髓,就需要译者不断努力和训练。许多词语的选择和运用都能够起到极其重要的作用,尤其是在《林教头风雪山神庙》中,作者运用"紧"字描述大雪的技巧,更是"神来之笔"。在翻译英文原著时,译者必须仔细思考作者的意图,并对每个单词进行精确的推敲,以便准确地翻译出来。在翻译原著时,译者需要考虑是否应该直接翻译其中的一些粗俗语言,例如俚语和侮辱性语言。如果需要,译者就可以将这些语言翻译成汉语。对于这类问题,译者需要充分利用自己的专业技能和语言技巧来解决。在《飞鸟集》中,泰戈尔（Tagore）对字、词、句的理解和用词引发了学术界的激烈讨论,这为译者提供了一个很好的参考案例。如何在文化背景、作品主旨、个人理解和词语选择等多个要素之间构建一个和谐的译著作品,需要译者付出极大的努力并作出深入的研究。

通过从文化的视角来理解翻译工作,译者可以将两种文化背景下的社会联系起来,但是这种联系并不能完全消除隔阂和差异。唯一的办法就是通过译者本人对两种文明的准确理解和对"嫁接"的遵循。在翻译英语作品时,译者必须同时考虑它的理论价值和实用性。只有将这两者完美地结合起来,译者才能创作出理想的翻译作品。为了达到这个目标,译者需要做多方面的准备,不断提高自己的专业技能和素养。翻译是一项艰巨的任务,翻译人员不仅需要精通英语文化,并以英国社会的视角来理解原作,同时,他们也应该熟悉中国的社会文化,特别是历史传统。此外,翻译人员还应该拥有出色的逻辑思维和语言使用技巧,并且具备良好的实践能力。通过深入理解文化背景并提高翻译能力,译者才能够顺利地将英语作品翻译为汉语作品。

第二节　美学视角下的英语翻译

美学作为一门学科,与翻译学科相比发展历史比较短。美学早在古代就已经产生,但直到 18 世纪中期才发展成为一门学科。人类翻译的发展一直受美学的影响,美学思想在无形之中指导了人类的翻译实践。由于人类的审美价值和审美标准是相似的,因此人们在翻译实践中自觉或不自觉地履行了一些美学原则。

一、美学与翻译美学

(一) 美学

"美"是在自然造化和人类实践共同作用下产生的,该词来源于希腊语。美学是以认识论的形式出现的,是一种主观意识与客观对象的统一,有客观性和社会性的特点。

美学这门学科以"美"为主要研究内容,于1753年由德国哲学家、启蒙思想家、美学家鲍姆嘉登(Baumgarten)在他的著作《关于诗的哲学默想录》中首次提出。在美学方面,鲍姆嘉登有两个观点,一是美学这门学科研究人的感性认识,二是美学对象就是对人们感性认识的一种完善。

鲍姆嘉登是首位提出美学研究对象的学者,但他的观点没有得到学术界的认可。在他之后的康德(Kant)、黑格尔(Hegel)等学者对美学的理论形态体系进行了完善和发展。

学者对于美学的研究对象有不同的看法,如黑格尔将艺术和哲学等知识作为美学的研究对象,康德将人类的审美意识作为美学的研究对象。我国学者在美学的研究对象上也存在分歧,如孔子的"尽善尽美"观点、孟子的"充实之谓美"的观点、现代学者朱光潜则提出"美是主客观的统一"的观点。

简单地说,学者对于美学的研究对象这一问题存在分歧,当前主要有以下三种观点:

第一,美自身就是美学研究的对象。美学不将具体事物的美作为研究对象,而是研究所有事物共同的美。

第二,美学将艺术哲学作为研究对象,这种观点得到了西方美学家的广泛肯定。

第三,美学将人们的审美经验、心理作为研究对象。这种观点的提出与19世纪西方心理学的兴起有关。心理学家认为要从心理学出发研究和解释美的现象,并将审美心理和审美经验作为美学研究中心。

以上三种观点都有其正确性,但也都存在一定的缺陷,所以没有被学术界认可。本书比较赞同第一种观点。第一种观点不仅与美学的学科性质相符,而且美本身的存在才可以解释艺术或审美经验。

美学是一门将美的本质和美的意义作为主要研究内容的学科。美学有两项基本任务：一是研究人们对于客观世界的审美态度和审美关系；二是研究美感体验、美学思想、审美对象、审美意识以及审美范畴等，发现美存在的本质及意义。美学是哲学的分支学科，是对人类终极追求的反映，同时将这种终极追求融入诗意当中，借助生动的形象打动人心，这是美学和哲学这两门学科的显著区别。

（二）翻译美学

翻译是语言转换的过程。这种语言转换的过程包含译者的创造性，而任何一个具有创造性的东西都有美的内涵和特征。自然界、人类社会和艺术中与美有关的事物都是美学的研究对象。美学的审美形态包括自然美、社会美、艺术美、形式美、科技美以及美的反面——丑。语言是反映自然、社会、文化、思维的一种典型形式。美是语言的基本属性，美学的研究对象也包括语言美。翻译是与语言有关的学科，要通过语言对其进行研究。因此，语言将翻译和美学联系在一起是一个基本事实。

"翻译美学"概念的提出，可追溯到1991年傅仲选的《实用翻译美学》。《实用翻译美学》是我国首部作为独立形态出现的翻译美学著作，是我国翻译美学研究理论的开端。

方梦之在《译学辞典》中将翻译美学定义为揭示译学的美学渊源，研究美学对译学的意义，使用美学的观点分析翻译的艺术性和科学性，结合美学的基本原理提出翻译不同的审美标准，分析、阐释和解决语际转换中的美学问题。

在深入理解翻译审美的客体和译者的基本特征基础上，分析客体的审美构成和译者的翻译能动作用，清楚地阐明审美主体与客体之间的关系，并提供翻译中审美再现的方式和手段，以指导翻译实践。

毛荣贵对翻译美学进行了更加精确的界定，他将翻译美学的研究对象定义为翻译过程中的审美客体、译者和读者，以及审美活动、审美判断、审美欣赏和审美标准，并且在翻译过程中，要求译者能够创造性地再现出原文的审美意义。

一般认为，通过对审美主体、审美客体及其相互作用的研究，翻译美学旨在通过重新表达的方式来揭示审美客体的不同层面。在翻译美学的多元化原则的指引下，通过分析译者的语言技巧以及对美学信息的理解，可以更加清晰地呈现出两种文化的丰富性与深刻的意义。通过深入研究，译者能够从美学的角度出发，结合原文、译文的特点，运用美学的审美标准，精心挑选、组织、排列，从而让译文更加贴近原文的美学元素，达到最佳的翻译效果。因此，翻译不仅是一个技巧性的工作，更是一个充满活力的艺术创新，需要不断探索、完善、提升。

1. 西方的翻译美学

西方翻译理论起源于西方古典译论，是在古希腊、古罗马文化相互交流的过程中出现的。古希腊、古罗马文化受到不同政治因素的影响，呈现出不同的发展态势，这种发展态势影响了翻译倾向和译学思想的改变，如在古罗马征服古希腊之前，古希腊文化遥遥领先，古罗马人非常崇尚古希腊文化，在翻译古希腊的著作时将原作奉为至宝。古罗马通过翻译古希腊著作学习古希腊文化，其文化得到了很大的提升。古罗马对古希腊著作的翻译促进了西方古典译论的发展，而这个过程受到了古典哲学和古典美学的影响。

翻译家西塞罗的翻译理论被视为西方翻译理论的开端。西塞罗的翻译理论在很大程度上受到了柏拉图的美学思想的影响。针对古典美学观，柏拉图提出了以下观点：

第一，"美本身"的问题。柏拉图认为任何一个美的事物都要具有自身成为美的潜在品质。

第二，美的相对性和绝对性的关系问题。

第三，美的理念论。柏拉图认为理念是一种模态或元质，是绝对的、不容置疑的，是一切事物的原型所在，即"美"是绝对的、永恒的。

第四，美的认识论。由于受到了柏拉图的古典美学思想和泰特勒的美学思想的影响，西塞罗提出了气势论和自然论的观点。他认为译者在翻译著作时要像一个演说家，使用合乎古罗马语言习惯的语言翻译作品，以实现吸引读者、引起读者感情共鸣的目的。

诗人贺拉斯（Horatius）所提出的翻译理论与西塞罗的翻译理论非常相似。他不赞同只重视原文不重视译文的翻译观点，而是注重活译。他在著作《诗译》中提出了"忠实原作的译者不会逐字死译"的观点，并提出了"意对意"的翻译原则。因为"逐字翻译"只是做到了字面上的忠实，而没有做到含义上的忠实。在翻译理论中，"忠实"这个问题就是贺拉斯提出来的。贺拉斯还主张在翻译实践中要遵循审美标准，从艺术层面研究翻译。贺拉斯非常认同斯多葛式的淡泊美和泰勒斯主张的自然美。

综上所述，从西塞罗和贺拉斯提出的翻译开始，西方古典译论就与美学的关系十分紧密。他们提出的翻译主张也成为西方美学译论的光辉起点，对后世的翻译理论产生了深远影响，同时促进了拉丁文化在欧洲的传播。到了近代，很多美学家介入翻译问题的讨论中，并提出了有启发性的观点。即使没有足够有力的证据证明目前流行的翻译理论都和美学有关系，但深入研究就会发现任何一种翻译理论都受到了美学思想的影响。因此，现代翻译理论来源于多种翻译理论，美学是其中之一。翻译学和美学的结合促进了翻译美学这门学科的形成。

2. 中国的翻译美学

中国的翻译美学源远流长，以下主要分析中国翻译美学的研究现状、理论特征以及未来发展：

（1）中国翻译美学著作

我国很多学者在研究翻译美学后撰写了有关著作。

①《实用翻译美学》

《实用翻译美学》由傅仲选于1993年撰写，是我国首部研究翻译美学的著作，标志着我国翻译美学研究的深化。该书重点探讨了翻译实践中的翻译活动、翻译主体、翻译客体、翻译审美标准和翻译审美再现。中国现代翻译美学在很大程度上受到了西方翻译美学的影响。《实用翻译美学》是中西方翻译美学相互融合的结果。

②《翻译美学》

《翻译美学》由毛荣贵于2005年撰写，从朦胧篇、问美篇、主体篇、实践篇四部分深入探讨翻译实践与方法。

③《翻译美学导论》

《翻译美学导论》由刘宓庆于2012年撰写，集中分析了翻译的运作机制，研究了翻译的艺术性、科学性，并论述了翻译审美客体与主体、审美心理结构、认知图式、审美再现的一般规律、翻译者的主观能动性等内容。

（2）中国翻译美学的理论特征

中国翻译美学的理论特征有以下三点：

①继承和发展了传统译论

中国的翻译美学是建立在中国传统译论之上的，是翻译美学理论的重要组成部分。中国的翻译美学保留了传统译论中的意与象、神与形、意境、风格等内容，并对其加以总结和概括，从而对其进行科学化的解释和发展。目前，学者撰写的有关翻译美学的著作对传统译论进行了解读。例如，刘宓庆在形式系统和非形式系统中论述了形与神的问题，并在非形式系统中具体研究了意象、意境等问题。由此可见，中国现代翻译美学没有摒弃古典美学的精华部分，古典美学在现代仍然是翻译美学的重要来源。

②研究和论述方法从宏观到微观逐渐深化

前人在分析和论述翻译审美客体时多使用概括方法，但现阶段的翻译美学研究正在朝着微观方向发展，如过去在形容翻译审美客体时多采用神韵、气势和风骨等模糊的表达方法，但现在对翻译客体的形容主要是从字、词、句、意境和意象等方面着手。傅仲选研究了翻译审美客体的语言形式美和意美，指出音位层、词层、句子层属于形式层面，而意义、实用意义、语言内部意义等则属于内容层。另外，在实用意义中还详细分析了语体色彩、感情色彩、语域色彩以及词的转义等内容。

③借鉴和运用西方翻译美学理论

当代西方有很多翻译流派，如接受美学着重分析读者、文本在接受活动中所处的地位和发挥的作用。接受美学认为读者的理解能力、期待视野和审美能力等对译文的理解有直接性的影响。也就是说，读者的理解是翻译审美客体的审美价值实现的基础。因此，译者要在翻译过程中发挥自身的主体性作用，对原文的写作风格和阅读视角进行调整。

中国当代翻译美学以古典译学思想为基础，融合了西方翻译美学中的一些理论，使自身的翻译美学理论体系更加丰富。在某种层面上说，现阶段中国翻译美学已经形成了理论框架，并且在研究方法和论证方法上体现出科学性的特征。

（3）中国翻译美学的发展方向

有学者认为中国翻译美学在今后的发展需要注意以下两个问题：

①倡导中西结合的译学发展途径

首先，传统译论向现代译论转换的问题是翻译研究和翻译美学研究的重要内容。中国美学有着悠久的历史，诸多先贤致力于美学学科的完善和理论的建构，发展到今天已经积累了大量的经验。因此，要对传统翻译美学中的精华部分进行总结和阐释，以使现代翻译美学理论体系更加丰富和完整。

其次，西方翻译流派较多，如语言学派、描写学派、文艺学派、综合学派、文化学派、多元系统学派、解构主义学派、后殖民主义学派等，这些流派的研究促进了翻译美学的发展。翻译美学的研究应借鉴这些流派中的精华内容，使翻译美学的研究更加深化。

②倡导宏观和微观相结合的翻译美学研究模式

翻译美学的宏观研究主要是指对翻译语用美学、文化转换美学、翻译篇章美学等方面的关注，要立足于整体分译美学的研究内容，进而提高翻译美学的研究水平。

翻译美学的微观研究是指研究各种文体，而体裁不同的文体有不同的审美标准、审美构成和审美再现标准，要从不同的角度出发分析微观方面的翻译对象，并以此为依据制定翻译标准，如科技文体的翻译美学标准，来为翻译实践提供具体的指导。

3.翻译美学的研究对象

翻译美学到底研究的是什么？其研究对象与研究任务之间又存在何种密切的联系？这些都是初涉翻译美学研究者要解决的问题。虽然有学者提出翻译美学的任务是使用美学和现代语言学的基本原理分析语言转换中的美学问题，促进读者了解翻译审美活动的普遍性规律，以提升对译文的审美鉴赏能力和解决语言转换中具体问题的能力，但这种解释过于笼统、有些模糊，还不足以让人真正了解这门新兴学科的具体研究对象和任务。

对相关的美学观点进行梳理和归纳，可以将翻译美学的任务作如下解释：使用美学基本原理梳理美学和译学之间的关系，研究美学对译学的影响和美学对译学的意义，分析、阐释和解决语际转换中存在的美学问题。

翻译美学的目标是深入理解翻译审美主体和审美客体的特征，并分析它们之间的关系。通过研究翻译过程中的审美再现方式，更好地指导翻译实践。具体来说，需要对翻译审美主体和审美客体进行全面的认识，并运用相关的理论来指导翻译实践。最终，翻译审美的研究旨在探讨如何为翻译实践提供有效的服务。换句话说,翻译美学研究重点关注翻译中的审美主体、审美客体以及审美再现方式。

4.翻译美学的基本主张

(1)翻译的艺术美

翻译既是一门科学,又是一门艺术。翻译艺术存在于一切翻译实践之中。因此,艺术美也存在于翻译的全过程。无论翻译的原文怎样,译者在翻译实践中一直肩负着艺术选择、艺术加工和艺术优化的任务。翻译活动是一项审美活动,这是由翻译艺术的复变存在性和贯穿始终性决定的。

(2)翻译的"再创作"

在文学翻译中,翻译主体(译者)必须对原文翻译进行"再创作",懂得如何做到对原文的艺术模仿和对译文的艺术加工(创造)的完美统一。这些都是翻译主体(译者)必须面对的问题。翻译是衡量一部文学作品是否被目标语言读者所接受的重要标准,它的艺术价值和审美价值取决于作品是否被当地的文学评论家和历史学者所认可,并且是否被视为当代的经典。"再创作"的特点使得文学翻译成为一个充满艺术气息的过程,既要求译者尽可能地模拟原作,又要求译者尽可能地创新译文。

(3)翻译的"形似"

翻译中一直提倡的"形似",既是对翻译语言的要求,也强调了目的语语言形式在文学语篇的美学构建中的重要地位。文学翻译不仅要求"审美",即透彻理解原文意思,并如实反映原文内容,还要在保持原文作者的写作手法及所采用的修辞手段的基础上,力求完整还原原文的形式之美。这就对译者提出了更高的要求。译者需要识别蕴含在原文表达方式、篇章结构和交际意图之中的审美要素,选择符合目的语读者的表达方式,尽量传递出原文的思想内涵和逻辑关系。因此,译语的准确性、形象性、逻辑性以及和谐性便成为译文审美效果的关键。翻译美学是一门高级艺术,对译者的综合能力是一种挑战。这也就是为什么说翻译一篇文章也许不难,但成为一名译者甚至是翻译家难上加难的原因。

在实际翻译实践中,尤其是语言学习者或译者在不了解翻译美学的对象、原则及相关主张时,他们首先考虑的是语言的准确性,其次才会对语言提出更高的要求,即语言美。英语学习者都想将英语说得跟母语一样"美"——这里所说的美,一则是语言美,操一口流利的英语,富有感染力,二则为措辞美,表达方式地道，更具文化性，对语言更具掌控力。美学语言学的审美起点有两个，一是美是客观的，二是语言的美是以有声语言的美为基础的。在现实中，如果英语学习者能以英语的惯用方式流利地表达、交流，人们就会觉得其英语说得极美。但是英语说得极好的人也会遇到的一种情况，就是对于英汉互译反而无从下手。究其原因，其实是译者不清楚翻译美学的对象、原则及相关主张，这就对翻译工作者提出了更高的要求。

对译者而言，翻译并非单纯的"源语—目的语"的转换过程，从源语到目的语的转化绝非直译般简单，因为该转化过程始于对源语的理解，也可以说这是对源语中所有的关键词义和行文难点进行解密的过程，同时也是理解把握作品的题材、思想内容和语言风格的过程。换言之，这也是消除原作理解中很多障碍的过程，如词义障碍、句法障碍、惯用法障碍以及文体风格障碍等。如果无视这些语言上的障碍，试图凭主观意念来揣度原作的思想内容，译文就会失之毫厘，差之千里；不仅不能传意，更不用说再现翻译之美。翻译美学的研究建立在对源语准确、深刻的理解之上。

译者要在透彻理解原作的基础上，考虑如何用目的语准确流利地翻译出源语的意思，继而力图再现源语之美，这是考验译者能力的关键点。翻译要上升为美学层面，传神达意，符合目的语读者的阅读习惯，译者就要耗费脑力，精心揣摩，方法不一而足。

如果译者都能把译作本土化，甚至进行翻译的再创作，接上本民族语言的地气，其译作就应当是一部好的文学作品；如果译者能从语言上、文化上更准确地把握译文的话，那么其作品的意境更美，效果也就更好。

诚然，对源语的准确理解是翻译成功的基础，但这仅是翻译工作的第一步。要让翻译达到"雅"的标准，使文章读起来美，让译语读者如读本民族语文章般轻松，且又能体味来自异域的文化风情，译者更需在翻译美学上下功夫。本书试图和读者一道，从翻译审美的角度重温一些名篇佳作，欣赏它们体现出的美，从源语中发现美的文字和美的风格，在译语中感受外来文化风暴的力量，学习和借鉴优秀译者的翻译能力和语言功底。总而言之，翻译工作要做到语言、文化与艺术逐级升华，继承、创新与优化完美结合。

二、翻译审美主体

（一）翻译审美主体的内涵

翻译的审美主体包括译者和读者。在翻译实践中，审美主体主要是指译者，因为译者是再现原文审美价值的能动因素。

不同学者对翻译的审美客体与审美主体持有不同的见解。刘宓庆认为翻译的审美主体就是翻译者本人，这也是普遍意义上的审美主体，是为大众所接受的。傅仲选则将分工不同的译者、译文编辑以及译文读者并列为翻译审美的三大主体：译者是原文的审美主体、读者是译文的审美主体、译文编辑既是原文又是译文的审美主体。这种观点有其自身的道理，实际上就是傅仲选将刘宓庆翻译审美主体的具体化及延伸化，于细微处着眼，细化了审美主体。因此，一般情况下会将译文编辑和译文读者都作为翻译的审美主体。

总体来说，翻译美学就是在总结和提炼国内外各家审美思想的基础上归纳、演化而成的，旨在在翻译方法、翻译手段和翻译经验等方面为译者提供指导，使译者更易于理解原文中的审美信息，并且在译文中对这些审美信息进行再创作。而且，从译文文本的存在、译文质量的保障、译文对原文审美要素的再现这几个方面看，译者才是真正意义上的审美主体。

译者是翻译行为的主体。在完成翻译行为的过程中，作为原作意义的激发者和译语文本的生成者，译者会不可避免地把有别于他人的主体因素带入原作意义的理解和生成的过程。虽然译者的语言修养、审美能力、个人经历、性格气质、社会环境等因素不可量化，却都会影响他的翻译理念、翻译策略和翻译方法，最终对翻译结果产生不可忽视的影响。译者作为翻译的主体，既是原作的读者、感受者、研究者，又是阐释者、传达者。

翻译相较于其他语言活动的独特魅力，就在于翻译是译者在理解原文的前提下进行的文本重构。人对意义的理解本身就是主观能动的，是不断用新的符号去阐释旧的、已有的符号，是从一系列符号能指最终回到所指的过程。同普通的阅读和理解相比，翻译中的阅读和理解过程是一种更为自觉的、目的性更强的行为，其目标是在另一种语言里用新的能指重新建构意义。作为普通读者，译者对原文意义的了解可以是模糊的、多层次的、不确定的，也可以存有疑惑，但是一旦要在译入语中把意义重新固定为符号，译者就必须澄清阐释。

翻译始于对原文的理解，终于在译入语中的表达。从对原文进行理解阐释开始，直到在译入语中重新书写意义，生成新的文本，译者始终面对着各种可能性，所做的每一项选择都会在译文中留下痕迹，从而体现出两种语言文化之间的关系，表现出译者所处的时空与意识形态等多方面的特点。不论人们是否认同译者在翻译行为中表现出的主体性，译者的主体性都是无法否认的存在。

原文作为审美客体，其审美构成直接影响到译作的审美价值的实现；译者作为审美客体，其审美功能对译作的审美价值的实现也有影响。审美主体和审美客体相互统一才能实现审美效果，即翻译审美主体的审美功能是翻译审美客体的基本前提。

（二）翻译审美主体的属性

1. 翻译审美主体的主体性

刘宓庆在《翻译美学导论》中对作为翻译的审美主体之一的译者的有关身份和责任作了明确的阐述。据刘宓庆的探讨，作为翻译主体的译者要受制于审美客体即翻译对象或文本，具体为受制于源语形式美的可译性限度、源语非形式美的可译性限度、双语的文化差异以及艺术鉴赏的时空差。其中审美主体面临的一个最为基本的限制，即双语间的差异性，包括语义、语法、表达和思维等表层和深层的差异性，这些是客观存在的。刘宓庆探讨了翻译审美主体的另一基本属性：译者的主观能动性（创造性、对审美对象审美品质的激发能力，即"主体实践性"），指出主体与客体表现为一种能动的、交互的、实践的辩证关系，艺术则是体现辩证关系的载体和纽带。

作家林语堂在翻译史上较早地明确提出"翻译即艺术"以及"美的原则"，他主张翻译艺术者须把翻译事业视为一种艺术，这与克罗齐（Croce）所言的"翻译即创作"有着异曲同工之妙。翻译作为一种艺术，已经在中西译论界得到广大译论者的肯定。在整个审美艺术活动中，毫无疑问，译者是翻译审美的主体，处于中枢地位。

林语堂认为翻译要有"三个责任"：对原作的责任，对读者的责任，对艺术的责任。同时还有一个要求即译者的文学素养。因为林语堂是著名文学家，所以探讨译论是从文学创作的视角展开的。当然，这"三个责任"对于任何类型的译者都具有一定的普适性。

2. 翻译审美主体的制约性

译者的翻译活动不同于作家的创作活动，译者的翻译会受到原文的限制，即受到审美客体的限制。刘宓庆认为译者在翻译过程中会受到以下几项因素的限制：

（1）原文的形式美限制

受到原文的形式美能否翻译的限制，如中国古典格律诗在翻译成其他语言后会失去其形式美——音韵和谐、语义相对、字数相等，译者需要使用其他方式弥补失去的形式美。

（2）原文的非形式美限制

受到原文自身非形式美是否可译的限制。非形式美是指不能直观感受到的美，如艺术作品蕴含的气质美等。非形式美虽然来自语言的外像，但是非形式美实际上是艺术家的思想在艺术作品中的升华，产生于欣赏者和艺术家的视野融合之处，并对译者的翻译有制约作用。

（3）原文和译文的文化差异限制

受到原文和译文之间的文化差异的限制。文化体现出审美价值，而民族性和历史继承性是审美价值的典型特征。译文读者获得的情感不同于原文的审美价值在原文读者心中产生的情感。

（4）原文和译文的语言差异限制

受到原文和译文的语言差异的限制。在词汇方面，英语的词汇语义灵活、语义范围广，但汉语的词汇语义固定、语义范围狭小；在语法方面，英语句子中的各个成分的形态非常明显，汉语句子中的成分形态则不明显；在表达方面，英语多使用被动语态进行表达，但汉语很少使用被动语态进行表达；在思维方面，英语注重形合，而汉语注重意合。

除上述这些因素以外，处于不同时代背景的人们的审美标准是不同的，即审美活动有时空差的特点，这也会限制译者的翻译。

3. 翻译者的审美条件

审美条件是指译者自身的审美趣味、审美感受和审美体验等，这些因素对译者能不能被原文中的美学信息吸引，进而进入审美角色进行审美活动有决定性作用。

译者的审美标准会受到其所处的文化背景、时代背景、阶级层次和地域特征等因素的影响。译者的审美标准会影响译者对美学信息的感受力。此外，译文的美学信息也会受到译者的审美能力、审美修养和审美情趣的影响。

审美能力因人而异，但人类的审美标准存在共性，这种审美标准上的共性为美学的翻译提供了理论上的可能性。译者要在译文中表现出原文中的美学信息，不仅要注重读者的审美习惯和能动作用，还要将原文即审美客体中的社会价值和美学功能充分发挥出来。因此，这就要求作为审美主体的译者具有审美理解力、审美感受力、审美情感、审美体验、审美心境和审美想象力等审美经验，这样才能在翻译审美活动中相互作用，找出作品中的美学价值、社会价值，并顺利"移植"到译作中。

有学者认为译者需要具备以下几项审美条件：

第一，审美主体的"情"指译者的感情。审美主体的"情"是关系到译者能否得到原文的美学信息的重要条件。

第二，审美主体的"知"是指译者对原文的审美判断，一般由译者的洞察力决定。

第三，审美主体的"才"是指译者的能力和才能，如语言分析能力、语言表达能力和艺术鉴赏能力等。

第四，审美主体的"志"是指译者研究翻译的意志力。

在以上四项审美条件中，"情"和"知"侧重于判断原文的美感，"才"和"志"反映译者能否在译文中再现原文中的美。

翻译这门学科具有很强的艺术性和技术性，译者要具有高水平的知识能力和翻译能力，以处理在翻译过程中可能遇见的各种问题。在翻译过程中，译者要运用语言分析能力、语言表达能力和审美判断能力对原文进行重组。在文学作品的翻译中，译者需要在译文中表现出原文的语言美，使译文传达出原文中的美学信息。语言是文学的信息，文学的美感由语言构筑而成。译者要在解读和品味原文的语言后，将其翻译成译语语言。译文的合理使用将美感作为前提。在译文中表现出和原文一样的活力和张力，将会使译文的读者和原文的读者一样收获相同的心理情感和美感体验等。

4. 翻译者的主观能动性

在翻译活动中译者会受到一些因素的制约，但是译者拥有主观能动性。译者在翻译过程中要认识原文、解读原文、鉴赏原文，同时使译文表现出原文中的美，而这需要译者对美进行创造。译者不是被动接收译文的美，而是发挥其主观能动性对美学信息进行加工，进而使美学信息在译文中再现。简单地说，译者是审美主体，也是创造美的主体。以文学作品的翻译为例，译者在翻译文学作品时要将自己融入原文之中，分析原文中的美学信息，然后分析译文读者的审美情趣，比较原文审美情趣和译文读者审美情趣的不同之处，发挥自身的主观能动性，缩小二者在文化方面和审美方面的差距，在译文中糅合自己活动的美学信息，使译文读者获得与原文读者相同的心理感受，欣赏到相同的审美价值。具体来说，译者在翻译实践中的主观能动性主要表现在以下几方面：

第一，译者在翻译实践中最大限度地发挥审美能力。

第二，译者在翻译过程中缩小原文和译文之间的语言、社会、文化、交际和心理等方面的差距。

第三，对原文和译文进行调整，使其更加优化。

第四，重视原文和译文、译者和读者之间的关系。

第五，充分发挥文化的顺应功能，使读者能够接受译文，并对译文作出审美判断。

由此可见，译者的主观能动性一般通过审美过程体现出来。

译者需要在翻译过程中发挥自己的主观能动性，是因为译者在翻译原文时要面对原文语言和译文语言之间的不同之处。译者的职责包括通过翻译传达出译文和原文的语言和文化之间的相同之处和不同之处，这不仅是译者的职责，也是译者从事翻译行业的动机。对于译者来说，根据原文创造新的词汇、从原文中引进新的语言结构、汲取原文文化中的精华部分能够丰富自身的文化语言。

在翻译的三个标准中，翻译的"透明"非常重要。高质量的翻译应是"透明"的，即读者能够通过译文看到原文，而不是让读者只看到译文。好的译文要能够体现出原文的特点。不同的作家有不同的才能、不同的特点、不同的经历，译者应在译文中将这些不同点反映出来，同时反映出原作者的特点，这就是"透明"。

5. 读者的能动作用

翻译审美主体也包括读者。读者在阅读译文的过程中也会发挥能动作用，主要表现在以下三个方面：

（1）读者对译作的选择

读者对译文的形式和内容的取舍会受到自身审美标准和意识形态的影响，读者的审美标准和意识形态对其阅读译文的重点、对译文的态度和评价有影响。读者对译文的审美取向会影响译者选择翻译的题材和体裁。

（2）读者对译作能动的评价

读者在阅读译文时会在自己的审美知识、审美经验和审美感受等基础上对译文中的美学信息作出理解，根据自己所处时代的标准判断和评价译作。在这个过程中，读者的活动属于创造性活动，是读者的价值观念、主观倾向和文化素养的具体体现。

（3）读者的审美观念和标准的改变

译文会影响读者的审美观念和审美标准等，使标准不断改变，这也是读者能动作用的具体表现。读者在阅读译文的过程中会理解和接受译文传达出来的文化信息和美学价值。在这个过程中，读者通过接受来自其他文化的事物而拓宽自己的视野，丰富自身的审美经验，提升自己的接受能力，使审美观念发生改变。读者审美需要的变化又会反作用于译文的出版和传播。

（三）翻译审美主体的任务

在翻译实践中，审美主体的主要任务是将审美客体由一种语言转换成另一种语言的文本，并最大限度地保留其中的美学要素。因此，审美主体要熟练运用各种审美再现手段，保证译文和原文在美学层面上的相似性。由此可见，在翻译美学的研究内容中审美再现手段最为重要。到现在为止，学术界对于翻译审美再现手段的分类形式并没有达成一致，众说纷纭。有的学者在实际的翻译技巧方面提出了减词、增词、替代、引申、反面着笔、分译和合译等审美再现方法，是传统意义上的翻译技巧与手段，是传递美学的手段的具体表现形式。这点在翻译家张培基的《英汉翻译教程》中得到了最好的诠释。还有学者在翻译的指导原则方面，提出了模仿、重建、虚实转换、隐显转换和收放转换等再现手段，这是对传统技巧和手段的升华，由实转虚。

但本质上，两者的着眼点都聚焦于"审美再现"这一翻译美学概念上。在文学作品的翻译中，审美再现是指译文要表现出原文的情、志、美、修辞的模式美、语言的形式美、篇章的结构美和音韵的声律美。简单来说，就是再次呈现原文中所有美的东西。

那么，可以把翻译中审美再现的研究都归纳到三个层面上：首先，在语言层面上，研究如何模仿原文中的各种结构美和形式美；其次，在文化层面上，分析怎样保留原文中特有的民族化语言表达方式；最后，在艺术层面上，分析怎样再现原文中内容与形式的统一关系。这涉及对原文的沿袭与译文再创作的问题，因此，对该内容也可以理解为研究如何达到"形似"与"神似"完美结合的问题。

翻译中审美再现研究的这三个层面决定了翻译审美再现手段研究的主要内容是作为较大的翻译单位段落和篇章，而不是作为微小翻译单位的词汇和句子。因此，译者在准确掌握词汇的内涵意义与句子的结构关系的基础上，运用正确的翻译技巧，从段落和语篇的角度对原文进行翻译和审美再现，才是翻译审美的正确途径，也是对译者语言程度及理论水平的检验。

三、翻译审美客体

（一）翻译审美客体的属性

审美客体一般是指能够激发起人类审美感受的事物，并能够和人类形成审美关系。这就要求审美客体具有能够被人类审美感官感知的审美特征，以引起人类的审美感受。因此，并不是任何翻译原文都属于审美客体，只有具有审美价值的翻译原文才能成为审美客体，进而满足审美主体的审美需求。物品的使用说明书、科技类文章不同于文学作品，这类作品的审美价值集中表现在功能方面。

翻译审美客体一般是指翻译的原文和译文。原文是作者在现实生活中素材的基础上进行再创造组织而成的语言。要使篇章得到读者的肯定性评价需要使篇章有语义方面的传达功能，同时使之具有审美价值功能。译文不是将原文从原语言简单转化成另一种语言，而是译者根据原文发挥自身主观能动性的基础上进行再创造的产物。

(二)翻译审美客体的审美构成

翻译审美客体的审美构成包括以下两个方面:

1. 语言形式美

语言形式美一般是指语音和语言的表现方式等形式上的美学信息。形式美是能够被看见的、借助物质形态存在的一种美,如音美、形美等。

由于语言的形式美是直观可感的,人一般可以借助听觉和视觉等感受到语言的形式美,如文学作品中声韵和文字共同组成的形音美和音律美,还包括典型的修辞手法,如对偶、排比、倒装等。

2. 意美

意美是一种无形的、非物质的、非自然感性的美学信息。人们不能通过直觉判断出意美。情感、意境、意象、神韵等方面的美都属于意美。

意美不能通过词语、句子、语段、篇章等方面的语言结构形态表现出来,但读者能够在总体上感知到语言的意美。有学者认为意美有三个特性,一是非定量的,二是不确定的、模糊的,三是不可分割的一种集合体。因此,在美学上意美被称为非定量模糊集合广义的审美客体。由此可见,意美是存在于整体形式中的一种美,是宏观层面上的,通常和深层的含义融合在一起。

综上所述,翻译审美客体的构成要素包括语言形式美和意美。这两种构成要素的主要区别是语言形式美表现在形式上是一种外在的美、感性的美;意美是表现在核心内容上的美,是作品主要的表现工具,对思想表达是不可或缺的。译者在翻译过程中首先要把握语言形式美,其次再品味作品的意美,这样才能翻译出高质量的作品。译者只有将原文中的形式美和内容美移植到译文中才能获得高质量的译文。需要注意的是,内容美的模糊性非常强,属于高层次的审美,译者要发挥主观能动性才能体会到这种美。

四、翻译审美活动

(一)翻译审美活动的内涵

从根本上讲,翻译活动是一种阐释,尤其是文学翻译。文学翻译的本质是艺术性的阐释。这种阐释和译者的心智活动密不可分。翻译活动中的"心智活动"包括译者的"创造"。译者的创造带有主动性和积极性，但也受到一定的制约。译者创造的根本是再现原著的义、形、声、情、量、质等。翻译是创造性很强的活动，在实际的翻译活动中，文本的多义性会给译者造成困扰。此外，理解和传达在翻译过程中也是一大难点，译者能否充分领会原文的核心内容，对译文的质量有决定作用。同时，译者的语言表达是否准确、是否得体，也会影响译文的质量。理解和表达是翻译活动中的两个阶段，译者要充分发挥自己的主观能动性，包括译者在翻译过程中积累的翻译经验、译者自身的审美感知能力、图式知识和语言驾驭能力等，以解决在翻译过程中出现的各种问题，以实现高质量的翻译目的。

翻译美学的有关理论认为翻译实践是审美主体在具有一定程度的文化知识、审美知识和审美经验等审美条件的前提下，充分地认识、理解和转化审美客体，以及对转化结果进行审美加工的过程。在这个过程中，译者要把握审美客体中的审美要素，将自己在原文中体会到的美感通过译文表现出来。纽马克认为翻译包括理解和表达两个步骤。理解是指分析原文的审美构成要素，表达分为转化、加工和再现。[①]

（二）翻译审美活动的步骤

1. 认识

翻译是从认识开始的，是表达的基础和前提。译者首先要认识和理解原文中的美，其次将其表达出来。认识对传达审美客体中的美学信息有重要作用。这是由于语言是人类的智慧，并且语言和文化之间的关系十分密切，文化通过语言反映出来，文章又是由语言组成的，因此文章中含有美的要素。译者要通过译文将美学思想传达给读者需要认识原文中的文化信息。具体来讲，译者对审美客体中美学信息的认识一般可以分为三个阶段，第一阶段是直观感受，第二阶段是想象，第三阶段是理解。

（1）直观感受

在直观感受阶段，译者要使用分析、推理和判断等直观的方法，捕捉审美客

[①] 刘军平. 西方翻译理论通史：第 2 版 [M]. 武汉：武汉大学出版社，2019.

体中形式层面的美学信息，这些美学信息包括语音、词汇、语义、修辞和文体等语言结构层面的美。这是外在世界对译者的刺激所带来的审美态度萌芽，是"刺激—反应"的结果。

（2）想象

在"想象"阶段，译者要发挥自身的主观能动性，想象审美客体的意境、气质、风格等美学信息，调动自己的感悟能力去领会原文的思想和艺术。想象阶段是传达美学信息的重要环节。在这个阶段中，译者要充分发挥自己的主观能动性。

（3）理解

在"理解"阶段，译者要仔细研究审美客体中涉及的社会、环境、文化的共时和历时，掌握原文中的社会文化信息。简单地说，译者要立足于整体对原文进行考量，体会原文中的文化和美学信息，然后充分发挥自身的主观能动性，并与审美经验相结合，挖掘原文中深层次的美学信息。理解是对审美信息整体深层意义的揭示和多向度的总体把握。

2. 转化

转化是语言结构方面的重要环节，与语际结构转化一样，都是审美信息向再现发展中的关键一环。

译者要充分调动自身的知识和经验，缩小自己和原文的创作时代，作者的民族文化、生活环境和心理素养等因素之间的差距，使译文传达出原文的美感。

3. 加工

加工是指译者把自己在认识环节中得到的审美信息和审美感受进行改造，从表面到深层次、从现象到本质、从粗略到精细等方面进行处理。译者对审美客体的加工包括以下两个方面：

一是语言的形式美方面，译者对原文语言形式美的加工需要译者有一定的语言基础知识和审美判断能力。

二是意美方面，译者对原文语言形式美的加工需要译者有一定的才华。加工是译者加工原文的文字，使用更加优化的语法结构和修辞手法，使用准确的语言表达原文中的美学信息。

4.再现

（1）再现的方式

再现是译者再现自己的加工结果。从根本上讲，翻译再现的是译者将自己对原文的理解转化为实际的表现形式，即选择和原文对应的、最适合的译文表现形式。也就是说，再现是译者将自己在认识、转化和加工这三个环节得到的理解用译文的形式表达出来。一般来说，再现审美客体美学信息的手法基本上有以下两种：

①模仿

模仿是指与译者的想象相结合后的不完全模仿，是翻译审美再现活动中不可或缺的方式。模仿要做到不失去原文的神采，这样才能够达到良好的审美效果，有学者将模仿分为以下三种：

一是将原文作为基础的模仿。这种模仿是指直接复制原文的审美结构和审美信息以获得译文的美学信息。

二是将译文作为基础的模仿。这种模仿是指将译文的语言特征、表现结构、社会接受度等作为基础，调整原文中与译文语言规则不相符的内容，从而使译文的表达更恰当。

三是动态模仿，也叫"优选模仿"。这种模仿比较原文和译文，如果选择将原文作为基础进行模仿的翻译效果更好，则选择原文作为基础进行模仿；如果将译文作为基础进行模仿效果更好，则选择译文作为基础进行模仿。

②重建

重建是一种高级的再现方法。这种方法和创作方法非常相似。重建的优点是能够打破原文形式上的限制，译者将译文的语言要求调整译作的体式，即"彻底译语化"，或将其称为"编译"。

对于重建这种方法来说，要参照审美客体，使文章的形式和内容保持完全统一，同时要表现出译者的审美理念，在译文中表现出译者的审美态度，从而使译文表现出原文的美感。

实际上，审美主体对审美客体的理解是一个过程，译者的表达方式也有很多种。译者的翻译审美活动十分复杂，并且不断反复才能完成。

（2）再现的原则

为了让译者更好地理解和掌握翻译审美的精髓，懂得如何对原文进行审美，并且在译文中更好地做到审美再现，有学者提出了翻译美学中关于文学翻译审美再现的三项原则。

①象似原则——艺术模仿的原则

认知语言学所认为的象似性是指语言结构与人的经验结构或概念结构的相似性。该理论认为，翻译工作者要从相似性的角度审视翻译工作，从宏观上把握"以形示意"的翻译效果，最大限度地接近"形神皆似"的理想翻译标准。

有学者在研究了语言象似性分类后认为可以将文学翻译实践的象似原则分为数量象似性、时间象似性、空间象似性、心理象似性和意象象似性。象似原则认为译文应该从以上五个方面对原文的属性进行自觉影像。这和美学艺术模仿的原则是一致的。译者在这个原则的指导下进行翻译，能够促进译文对原文形式审美效果的再现，把真实的异域风情带给目的语读者。

②创作原则——艺术原创的原则

创作是艺术的原动力，而翻译则是对原文的艺术再创作过程。众所周知，原创是艺术美的重要原则。翻译是一门艺术，因此艺术原创的原则也适用于文学翻译。在翻译史上，人们对译文与原文关系的认知，也是仁者见仁，智者见智。克罗齐在《美学原理》中曾讨论过翻译问题，他认为高质量的译文要与原文有相似之处，而且要有其自身独特的艺术价值，译文自身就是一部艺术作品。[1] 也有学者认为优质的译文不是原文的翻译而是原文的再创作。译文能使原文呈现出全新的样貌，使原文更具活力，通过全新的形式和姿态展现在读者面前。因此，在翻译过程中，译者遵循创作原则能够弥补语际转换过程中丢失的原文审美信息，使译文更加饱满、更具魅力。

③优化原则——艺术至美的原则

至善至美是艺术创作的终极理想。在翻译实践中，虽达不到完美无瑕，但它能激发创作者不懈地为之奋斗，这也成为指导各类艺术实践的重要原则。

对于文学翻译来说，翻译主体在翻译过程中要遵循"忠实通顺"的原则和"优化"的原则。"尽力择优而从"，以使译文接近"善译"的标准。根据所指刘

---

[1] 姚小平. 西方语言学史：从苏格拉底到乔姆斯基[M]. 北京：外语教学与研究出版社，2018.

象的不同，可以将文学翻译的优化原则分为语序优化和语言优化。语序优化是指不对原文内容作出修改，根据译文语言的表达习惯和认知方式，对译文的句子顺序进行优化组合。简言之，就是一切以目的语读者的阅读习惯为重。语言优化是指充分发挥译文的语言优势，使用最恰当的译文表达方式进行表达，如在翻译培根的《论读书》时，王佐良采用了文言文的形式将培根的语言美及思想美推向极致。

五、英语翻译中的美学呈现

英语翻译中的美学原则主要体现在以下几个方面：美学原则强调对美的感知和欣赏，这在翻译过程中是至关重要的；美学追求优雅、协调与和谐，因此在翻译中传达这些特征也非常重要；美学原则还包括了对审美价值的尊重和关注。

在翻译中体现美学原则的方法之一是运用适当的语言风格和修辞手法。通过选择恰当的词汇、句子结构和押韵等技巧，翻译可以更富有节奏感和韵律感，以达到优雅和协调的效果。这样的翻译不仅能够准确传递原文的意义，也能够给读者带来愉悦的阅读体验。另一种体现美学原则的方法是在翻译中注重文化的转化和传达。美学是一个与文化紧密相关的概念，因此在翻译中营造出原文所蕴含的文化氛围和情感色彩是非常重要的。翻译者应该根据读者的文化背景和习惯，选择适当的词汇、表达方式和隐喻，以便更好地传递原文中的美学意义。

此外，美学原则还强调整体的和谐和统一性。因此，在翻译中，翻译者需要注重文章的整体结构和脉络，使得译文与原文在层次感和组织结构上保持一致。翻译者还应注意语法和修辞上的连贯性，以确保译文在形式上呈现出协和的效果。美学原则强调对审美价值的尊重和关注。在翻译过程中，翻译者应该尽量忠实地传达出原文所包含的审美价值，并避免加入个人主观色彩的评价和解读。同时，翻译者也可以通过一些间接的方式，如通过描写细节、运用象征手法等，从而引起读者对美学价值的共鸣。

（一）和谐性与统一性

英语翻译中的和谐性和统一性指的是翻译的整体结构、组织和风格应该保持一致和协调。

1. 结构一致

在翻译过程中，保持与原文相似的结构是重要的，这包括句子长度、段落长度和章节划分等方面。如果原文使用了特定的结构或层次，翻译应该尽可能保持相似的结构，以便读者能够有更好的阅读体验。例如，如果原文使用了并列结构或平行结构，翻译应该也采用类似的结构。

2. 语法连贯

翻译中的句法结构应当具有一致性和连贯性，使得译文在语法上的表达方式与原文保持一致。这意味着翻译者应该使用相似的语法规则和句式，避免在翻译过程中出现不一致或混乱的语法结构，这样可以确保译文在语法上保持整体的和谐。

3. 文体一致

翻译的整体风格应该与原文匹配，以保持一致性。文体包括词汇选择、句子结构和语言风格等。如果原文使用了正式的、学术的语言风格，那么翻译就应该遵循相同的风格；如果原文使用了幽默或口语化的语言风格，翻译也应该采用相应的风格，这样可以确保译文在风格上与原文协调一致。

例：He would fain set it down for ever; engrave it on rock, if he could; saying: "This is the best of me; for the rest, I ate, and drank, and slept, loved, and hated, like another; my life was as the vapor, and is not; but this I saw and knew; this if anything of mine, is worth your memory."

这段话直译过来是"他很高兴把他的这点儿见解永远地留传，如果有可能就刻在岩石上，写道：'这是我一生最宝贵的东西，至于我的其他方面——吃、喝、睡、爱、恨——则跟别的人没有什么不同。过去我的生命像露汽，现在不是了。我深信，如果我有什么东西值得你们记忆的话，便是这点儿见解。'"

虽然这段译文传达的原文字面意思的准确性不容怀疑，却没有反映出原文的文体风格。这是英国散文家约翰·拉斯金（John Ruskin）的论说文 About Reading Books 中的一段话。原文句式考究，色调古雅，颇有我国唐代文学家韩愈的散文风格。然而原文拟古、典雅的文风在汉译中不复再现。

"他当乐于将这份真知永久留世，倘有可能则镌刻于岩石之上，写道：'此乃吾毕生之精华；至于吾之衣食住行，七情六欲，皆与众同。昔时，吾之生命似雾汽，而今非也。吾深信不疑；吾苟有可资世人纪念者，唯此而已。'"显然，本译文要比第一则更加符合原文古雅的文体风格。

4. 主题和情感统一

翻译应该传达出原文所蕴含的主题和情感，使得译文与原文在意义和情感上保持一致。这意味着译者需要理解原文的主题和情感，并将其转化为适当的语言表达。通过把握原文的核心思想和情感色彩，译者可以在译文中营造出与原文相似的氛围和情感效果，从而实现整体的和谐统一。

（二）尊重审美价值

英语翻译中的审美价值意味着译者应该努力传达出原文中所蕴含的审美意义，并避免加入个人主观色彩的评价和解读。

1. 尊重原作

译者应该以尊重原作为前提，将其视为一个独立的艺术品，并尽可能忠实地传达原作的美学表达。所以，译文应当尊重原作的风格、情感和意图，不应该随意改变原文所传递的美感和审美价值。译者应该保持客观、中立的态度，以尽量准确地呈现原作的审美意义。

2. 中立客观

在翻译过程中，译者应该避免加入自己的主观评价和解读。尽管翻译可以添加一些创造性的决策，但译者应该尽量避免主观干扰，以保持对原作审美价值的尊重。译者应该注重文字本身的表达，而非加入自己的主观情感或偏见。

3. 传达美学意义

在翻译过程中，译者应该尽力传达原文中所蕴含的审美意义。这可能涉及选择合适的词汇、句子结构和修辞手法，以便更好地表达原作的美学特点。例如，在翻译诗歌时，译者可能会使用押韵、节奏和韵律等技巧，以传达原作的美感。

《在地铁站》是美国诗人庞德（Pound）的代表作，诗仅有两行、14个字，但非常经典。

In A Station Of The Metro

The apparition of these faces in the crowd;

Petals on a wet, black bough.

这首诗的翻译，有很多种版本。首先，对标题 In A Station Of The Metro 的翻译，有的人翻译为"在地铁站内"，有的人翻译为"在地铁车站"，其实最好的翻译应该为"在地铁站"，这4个字简洁明了，开门见山，可以马上在读者面前呈现出一幅地铁站的画面场景。其次，对于第一句话"The apparition of these faces in the crowd"的翻译，很多人把"apparition"翻译为"幽灵"或"幻影"等。但这些翻译只是根据单词的字面意思翻译而已，没有放到诗的场景中翻译——道理很简单，在地铁站中当然不会出现幽灵、幻影，这里应该指的是人脸的一闪一现，所以"几张脸在人群中隐现"为上乘翻译。

4.考虑读者反应

翻译者还应该考虑不同读者群体对美的理解和接受方式可能存在差异。翻译作品的目的是与读者产生共鸣和情感连接，因此翻译者应该考虑读者的审美背景和文化背景，并采用适当的语言表达方式，这样可以增加读者对译文的欣赏度和理解度。

参考文献

[1] 王爱军. 文化与翻译：鉴赏与实践 [M]. 武汉：武汉理工大学出版社，2021.

[2] 杨仕章. 文化翻译学 [M]. 北京：商务印书馆，2020.

[3] 吴冰. 跨文化的翻译研究 [M]. 合肥：中国科学技术大学出版社，2021.

[4] 刘宓庆. 文化翻译论纲 [M]. 北京：中译出版社，2019.

[5] 陈莹，吴倩，李红云. 英语翻译与文化视角 [M]. 长春：吉林人民出版社，2020.

[6] 魏婉. 生态翻译视角下文学翻译教学研究 [M]. 长春：吉林人民出版社，2020.

[7] 周金龙. 英语翻译理论与实践的多维视角研究 [M]. 北京：九州出版社，2020.

[8] 罗丹婷. 英美文学与翻译实践研究 [M]. 北京：北京工业大学出版社，2020.

[9] 孙悦. 英美文学翻译与商务英语教学研究 [M]. 北京：知识产权出版社，2019.

[10] 卢艳阳. 从文化差异看英美文学翻译的理论与实践 [M]. 成都：电子科技大学出版社，2019.

[11] 郭高攀. 国内外文化翻译研究热点与趋势（1991—2021）——基于CiteSpace的知识图谱分析 [J]. 语言与翻译，2023（2）：53-62.

[12] 李雯君. 文化翻译观下政治文献特色句法"虚"与"实"的俄译研究 [J]. 语言与文化研究，2023，27（2）：136-140.

[13] 刘辉，魏萌. 劳伦斯·韦努蒂翻译理论在文化翻译中的应用探究——以《Culture Smart USA》汉译为例 [J]. 现代商贸工业，2023，44（12）：52-54.

[14] 何魏魏，耿小超. 多元系统论视域下的后疫情时代云冈文化翻译 [J]. 山西大同大学学报（社会科学版），2023，37（2）：47-51.

[15] 赵现标. 基于功能主义视域谈茶文化翻译 [J]. 福建茶叶，2023，45（4）：120-122.

[16] 陈闻悦. 生态翻译学视角下的中国传统文化翻译分析 [J]. 文化产业，2023（10）：77-79.

[17] 梁济韬. 浅析英汉跨文化翻译中的归化和异化 [J]. 校园英语，2023（12）：190-192.

[18] 王铭铭. 从文化翻译看"母语"的地位问题 [J]. 开放时代，2023（1）：44-53.

[19] 何钰. 中国传统文化意象的翻译困境与解决路径 [J]. 英语广场，2023（1）：20-24.

[20] 阳玲英. 地方旅游特色饮食文化翻译研究 [J]. 中国食品，2022（24）：133-135.

[21] 高晓晓. 文化翻译观指导下的《离别缘》中文化负载词翻译实践报告 [D]. 曲阜：曲阜师范大学，2022.

[22] 蒋幸. 文本类型理论视角下民俗文化翻译方法分析 [D]. 北京：北京外国语大学，2022.

[23] 窦广峻. 文化翻译视角下中华武术外译的困境及策略 [D]. 成都：成都体育学院，2022.

[24] 崔昭. 苏珊·巴斯奈特文化翻译观视域下《金匮要略》文化负载词的英译研究 [D]. 西安：西安理工大学，2021.

[25] 刘珂冰. 文化翻译观下中国特色表达汉英口译策略 [D]. 北京：外交学院，2021.

[26] 彭龙刚. 青木保《文化的翻译》翻译报告 [D]. 开封：河南大学，2020.

[27] 胡娜. 文化翻译理论视角下文化信息译者协调行为分析 [D]. 扬州：扬州大学，2020.

[28] 王冲."礼"的翻译中跨文化翻译研究 [D]. 青岛：青岛科技大学，2019.

[29] 赵彩霞. 归化异化视角下民俗文化中译法翻译实践研究报告 [D]. 西安：西安外国语大学，2019.

[30] 张雪倩. 文化翻译观视角下中国特色词汇的英译研究 [D]. 长春：长春理工大学，2019.